스스로 결정하지 않으면
남에 의해 결정된다!

선택적
결단의 힘

스스로 결정하지 않으면
남에 의해 결정된다!

선택적
결단의 힘

고도 토키오 지음 | 정문주 옮김

●●● 아이템하우스

'선택적 결단의 힘'이란 한마디로 '혼자서 결정을 내리는 힘'을 말한다. 이 힘이 있으면 개성과 자기다운 가치를 드러낼 수 있고 자신감 있게 자기 삶을 살아갈 수 있다.

개성은 누가 가르쳐 주지 않아도 자기 안에서 저절로 솟아난다. 그리고 창의성은 남의 지시나 명령이 없어도 자유로운 환경에서 자발적으로 발현된다.

우리는 그런 개성과 창의성을 발휘하기 위해 자기 가치관과 판단력으로 결단하는 경험을 여러 번 발휘하는 과정에서 '결단의 힘'을 얻을 수 있다.

자기주도권이 없는 사람, 다시 말해 늘 남에게 물어보거나 남의 지시를 받아야만 어떤 일이든지 결정할 수 있는 사람은 남의 가치관 속에서 살다가 남의 가치관에 휘둘리는 허약한 존재가 되기 십상이다.

남의 의견을 듣기 전에는 자신만의 결정을 내리지 못하는 사람은 허구한 날 남의 뒤꽁무니나 쫓으며 살아간다.

코로나 시국에 일본 정부가 시행한 'GO TO 트래블 캠페인*'을 예로 들어보자. 당시 '정부는 가라 하고 지자체 단체장은 오지 말라 하는데, 어쩌란 말이냐?'라며 많은 사람들이 윗분들이 정해주지 않으면 이동도 못 하고 여행도 못 한다고 불평하는 목소리가 심했다. 세상에! 자기 힘으로는 아무 결정도 내리지 못하는 어린애 같은 어른들 아닌가?

평소에 얼마나 자기 생각과 책임으로 결단을 내려 본 적이 없었으면 이처럼 유치하고 우스꽝스러운 생각을 할 수 있단 말인가.

이렇게 단정 짓는 이유는 지금 일본에서는 자기 의지로 결정 내리지 않아도 그럭저럭 살아갈 수 있기 때문이다.

* 코로나바이러스의 유행으로 침체한 국내 경제를 부흥시키고자 일본 정부는 2020년 4월, GO TO 캠페인을 벌였다. GO TO 트래블, GO TO EAT, GO TO 이벤트, GO TO 상점가 등 4개 분야 사업 중 'GO TO 트래블 캠페인'은 여행 관련 사업으로 국내 여행객에게 비용의 절반을 정부가 지원하는 내용이다.

개인의 고민이라고 해 봐야 고작 '어느 학교에 진학할지, 어느 회사에 취직할지, 누구와 결혼할지, 어디로 이사할지, 그것도 아니면 회사를 옮길지 말지' 정도가 아닌가. 나머지는 부모님과 학교, 회사와 상사가 하라는 대로만 해도 사는 데 별 문제가 없다.

그렇게 대충 생각 없이 살아도 시간은 흐르고 인생은 지나간다. '하지만 그렇게 살아도 괜찮은가?' 하는 것이 필자의 문제 의식이다.

물론 다른 이의 의견을 참고할 수도 있고, 자신보다 뛰어난 생각을 접하고 받아들일 필요도 있다. 그것을 부정하는 것은 아니다. 아니, 정말 길을 잃었을 때는 전문가에게 물어야 한다.

그러나 그것도 '혼자 정보를 모으기가 너무 비효율적일 때', '혼자 판단하기에는 리스크가 너무 클 때'로 한정해야 한다. 가령 법률이나 세금 같은 사안이 그렇다. 직접 알아보고 이해해서 활용할 정도의 수준이 되려면 엄청난 시간과 수고를 들여야 하므로 그럴 바엔 전문가의 도움을 받는 것이 훨씬 효율적이다. 더구나 어설프고 얕은 지식으로 내린 판단은 법률에 저촉되거나 건강을 해칠 가능성마저 있다. 따라서 의사나 변호사, 세무사 같은 전문가에게 돈을 내고 상담을 받는 편이 합리적이다.

하지만 그런 정보를 받아들일 때도 자기 신념과 가치관을 바탕으로 도출한 답은 타인의 가치관이 섞이지 않은, 자신만의 답이라 의미가 남다르다. 다시 말해 그 답은 '내 인생은 내가 책임지겠다'라는 자세에서 나온 답이다.

왜냐하면 '오롯이 내 힘으로 결정하자', '결과도 모두 내 책임이다'라고 각오하면 할수록 사람은 스스로 정보를 모아 리스크와 과제와 문제점을 예상하고, 대책을 세우고, 치밀하게 계획적으로 행동할 수 있다.

이렇게 자기 책임으로 받아들일 각오가 되어 있으면, 결과가 나왔을 때 그 결과가 바람직하든 그렇지 않든 간에 자기 것으로 받아들일 수 있다.

자신의 바탕에 강렬한 자기 책임 의식이 있으면 삶을 대하는 자세가 지극히 능동적으로 바뀌면서 '스스로 움직이려는' 태도가 생긴다.

반대로 자기 책임 의식이 희박한 사람은 수동적으로 살게 된다. 이런 사람들은 리스크나 과제를 예측하는 관점도 허술해서 자신에게 어려운 상황이 발생했을 때 준비 부족으로 인해 대응에 실패하기 쉽다. 그러면 망연자실하거나 결과를 남 탓으로 돌리곤 한다.

좀 오래됐지만, 2011년 9월에 간토(關東) 지방을 강타한 15호 태풍 파사이 때의 재난 상황으로 돌아가 보자. 당시 간토에선 저녁 러시아워와 겹친 대중교통 운행 중지로 엄청난 수의 귀가 난민이 발생했다. 갈 곳을 잃은 사람들이 전철 없는 전철역에서 오지도 않을 전철을 무작정 기다리고 있었고, 택시 승강장 앞에는 운행을 멈춘 택시를 기다리며 장사진을 이룬 오갈 데 없는 사람들 모습이 뉴스에 방송되고 있었다.

그런데 그 같은 사태는 바로 직전 3월의 동일본 대지진 때 이미 경험한 일이었다. 그때의 경험으로 태풍이 불면 또다시 귀가가 어려워질 것이라는 사실은 누구라도 예측할 수 있었다. 그런데도 재택근무나 조기 퇴근 같은 방법을 쓰지 않고, 그 많은 사람이 아무 대책 없이 전날과 똑같이 움직이다가 태풍 때문에 집에 갈 수 없다며 역을 서성이고 있었다. 그들의 머릿속에는 자신들이 몹시도 불편하게 산다는 생각이 들지 않는지 참으로 궁금했다.

그래서 나는 이 책에서 합리적인 판단과 결단을 내리려면 어떻게 해야 하는지에 초점을 맞추었고, 필자뿐 아니라 내가 만난 성공한 이들의 사례를 덧붙여 소개하려 한다.

Chapter 1

왜 지금 결단의 힘을 말하는가?

Chapter 2

자기주도권은 합리성과 객관성을
양립시키는 지적 능력이다

Chapter 3

판단의 축을 만들어라

Chapter 4

결단의 힘으로 인생을 개척하라

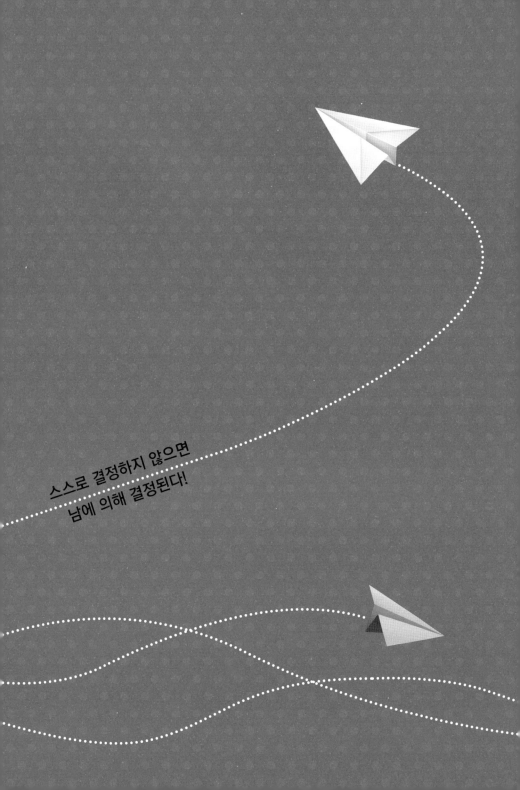

스스로 결정하지 않으면
남에 의해 결정된다!

Chapter 1

왜 지금 결단의 힘을 말하는가?

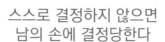

스스로 결정하지 않으면
남의 손에 결정당한다

프롤로그에서 '우리는 직접 결정 내리지 않고도 그럭저럭 살아갈 수 있다'고 말했다. 그렇다. '대충' 살아도 정말이지 인생은 어떻게든 살아진다.

확실히 우리는 '진학 또는 유학', '취업', '결혼', '이직 또는 창업'처럼 살면서 커다란 결단을 내릴 때도 있지만, 결단 '비스름한' 태도를 취할 때도 종종 있다. '어찌어찌' 정했거나 '타인의 결정에 따르기만' 했거나 '선택지마저 누군가가 던져준' 때가 그런 때다.

예를 들어 고등학교나 대학교에 진학할 때가 그렇다. 학교나 학원 선생님, 부모님의 조언에 따라 결정한 사람이 있는가 하면, '내 성적으로는 이 학교 정도가 합격선이구나'라는 식으로 주변정황으로 선택을 맞춘 사람도 있다.

취업이라고 다르지 않다. '이름난 곳이니 일단 붙고 보자', '비슷한 스펙의 저 사람이 붙는다면 내게도 승산이 있다'는 식이다. 능동적으로 결단을 내리는 것이 아니라 '내정됐으니 그냥 확정'하기도 한다.

그렇게 해서 회사에 들어가면 업무는 위에서 내려오고 결정은 대개 상사가 하니 자신은 대부분 그 지시에 따르기만 한다. 중간 관리직이 되어서도 기존의 회사 방침을 전제로 삼아 일을 하고, 부서 이동·전근, 승진·승격은 본부장이나 사장 같은 윗분이 정한다.

사생활에서도 비슷하다. 가령 '연애를 했으니 다음 순서는 슬슬 결혼인가……' 하는 식으로 별생각 없이 결혼해버리거나 내 집 마련도 '내 연봉으로 계약할 수 있는 집은……' 하는 식으로 평생 갚을 대출금을 따져보지도 않고 도장부터 찍기도 한다(물론 어떤 의미에서는 결혼과 내 집 마련에 충동이 필요한 것도 사실이다).

이렇게 생각해 보면 우리는 인생의 대부분을 '남이 이끄는 방향으로 갔고 남의 손에 결정을 맡겼다'라고 할 수 있다.

물론 남들이 하는 대로 쫓아 해도 자신의 새로운 가능성이 펼쳐질 수도 있다. 스포츠에서도 코치의 추천으로 육상 경기에서 축구로 전향했더니 눈에 띄게 두각을 드러냈다거나 자신은 영업에 맞지 않는다고 생각했는데 인사이동으로 영업직으로 발령 난 뒤 인생에 꽃을 피웠다는 사례도 심심찮게 볼 수 있으니까 말이다.

또 남의 결정이 효율적일 때도 있다. 가령 새 냉장고를 고를 때 어떤 것이 좋을지 고민한다면, 그때는 주 사용자인 주부가 정하는 게 좋다.

그래도 역시 자기 삶의 방향성으로 이어지는 결단은 직접 하는 것이 좋다. 직접 내린 결단이 쌓이고 쌓여 자기 인생에 '일관된 감각'을 부여하기 때문이다.

일관된 감각은 다음 세 가지 요소로 구성된다. '이해가능감'(일어나는 일은 대개 예상 가능한 범위 내에서 일어나며 설사 예상 외의 일이 일어나더라도 자신은 그것을 적절히 이해할 수 있다고 인식하는 것), '해결가능감'(곤란한 상황에 직면하더라도 어떻게든 극복할 수 있을 거라는 자신감을 가지는 것. 그리고 자신과 자신이 가진 자원을 활용해 그 국면을 해결할 수 있다고 인식하는 것), '유의미감'(자신에게 덮쳐오는 모든 일은 그것이 무엇이든 의미가 있으며 극복할 가치가 있다고 인식하는 것)이다. 이러한 인식은 모두 스스로 결단 내리기를 반복했을 때 얻을 수 있다.

그리고 이 일관된 감각은 '내 삶이 이 정도면 괜찮다'라고 인생을 긍정할 수 있게 해 준다.

그러나 일관된 감각이 없는 사람은 시대 환경이나 그 변화에 '농락당한다'는 느낌을 받을 수 있다.

예컨대 코로나바이러스 감염증 대책을 보면서 '이리저리 바뀌는 정책에 휘둘린다'고 느끼는 사람들이 그 전형적인 예다.

일관된 감각이 있는 사람이라면 '내가 해야 할 일을 하겠다', '내가 가고 싶을 때 가고 싶은 곳에 가겠다'라고 자기 결정을 내리므로 휘둘린다는 느낌을 받지 않을 것이다.

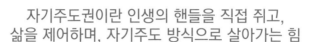

자기주도권이란 인생의 핸들을 직접 쥐고,
삶을 제어하며, 자기주도 방식으로 살아가는 힘

　자기주도권이란, 살면서 부딪히는 온갖 상황에서 자기 머리로 직접 결정하는 힘을 말한다. 이는 앞서 언급한 대로 자기 책임 의식하에 주체적으로 자기 인생을 개척하는 지극히 능동적인 행위이다. 다시 말해 자기 삶의 핸들을 직접 쥐고 자기 인생을 스스로 제어한다는 의미이다.

　삶을 잘 제어하고 있다고 느끼는 제어 감각은 생활 전체가 자신이 하고자 하는 대로 잘 나아가고 있다는 만족감을 가져다준다.

　이는 타인의 영향을 받지 않는다는 말이 아니라 자신이 그 영향의 정도를 스스로 통제할 수 있다고 느낀다는 뜻이다. 그러니 부정적인 영향은 배제할 수 있고, 긍정적인 영향도 스스로 조절해서 받아들일 수 있다.

　이렇게 되면 SNS 등에서 악플이 달려도 별로 감정의 기복이 생기지 않고 '주식으로 돈을 버는' 기분 좋은 일이 있어도 너무 기분이 업 돼 지나치게 흥분하지 않는다.

이런 측면에서 볼 때, 자기주도권이 커진다는 것은 곧 '자기주도 방식의 삶'을 얻는 것이라 할 수 있다.

'자기주도 방식'이라는 말을 듣고 혹자는 타인을 안중에 두지 않는 자기중심적인 태도를 상상할지도 모르겠다. 하지만 여기서 말하는 자기주도 방식은 내 마음대로라는 의미가 아니라 남이 방해할 수 없는, 내가 내 삶을 존중하는 힘을 말한다.

특히 현대 사회는 동조압력이 강해 남과 비교해서 상식과 다른 행동을 하면 인터넷에서 집단 압력을 당할 수도 있다. 자기주도 방식은 이처럼 답답한 감시 사회에서도 자기 삶을 살아가는 데 중요한 기반이 된다.

흔한 예를 들어 보자. 주위로부터 '결혼은 안 하느냐, 아이는 언제 낳느냐'라는 재촉을 받고 마지못해 따르는 사람이 있다. 그들의 말을 듣지 않으면 왠지 주눅이 들고 체면이 서지 않는다고 느껴서다.

또 어떤 사람은 대학에 가라거나 아이들 대학 공부까지는 시키라고 간섭하는 사람이 주변에 아무도 없는 데도 본인이 지레 남의 시선을 의식한다.

이처럼 타인 또는 사회로부터 재촉받는 사람이나 스스로 지레 비교하는 사람이나 감정의 작동 원리는 비슷하다. 자기 자신은 원치 않았는데 주위의 압력에 못 견뎌 필요 이상의 불안과 초조를 느끼고 노력했다는 것이다.

'견디기 힘들다'고 느낀다면, 사실 아무도 공격한 이가 없으니 그건 그저 자신이 만들어 낸 감정이다.

'주눅이 든다'라고 느낀다면, 그것도 사실 아무도 비난한 이가 없으니 제멋대로 그렇게 생각한 것뿐이다. 이런 감정이 만들어지는 이유도 주위 사람의 상식과 도덕관에 휘둘리기 때문이다.

남의 가치관에 지배당한다는 말이다. 갑갑하지 않은가? 감옥에 자물쇠가 채워져 있지도 않은데, 그 속에 갇혀 있는 꼴이니 말이다.

그러나 자기주도 방식으로 살아갈 힘이 있다면 남이야 뭐라 하든 말든 상관하지 않고, 나에게는 나의 삶이 있다는 자신감을 안고 살 수 있다.

남들은 뛰어도 자신은 천천히 걸을 수 있고, 남들은 멈춰서도 자신은 나아갈 수 있으며, 주위 사람들이 오른쪽으로 갈 때 자신은 왼쪽으로 향할 수 있다.

결국, 자기주도 방식이란 '삶의 성장 과정에서 타인으로부터 자극은 받지만, 그들이 내 삶을 흐트러뜨릴 수는 없다는 것. 세상이 말하는 성공과 내가 생각하는 성공이 다르며, 나 아닌 다른 사람이 추구하는 행복과 내가 느끼는 행복은 다르다는 것. 그래서 주위 사람과 상관없이 나는 이 길이 좋다고 생각하는 것'이다.

그러니 자기주도권은 나의 가치 기준을 신뢰하는 힘이며 그 기준에 따라 행동하는 용기이기도 한 것이다.

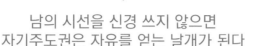

남의 시선을 신경 쓰지 않으면
자기주도권은 자유를 얻는 날개가 된다

나는 현재 매우 자유롭게 살고 있다. 이렇게 살 수 있는 이유는
의사 결정을 할 때 '남들이 어떻게 볼까?' 하는 생각을 조금도 하지
않기 때문이다.

무엇보다 어떻게 하면 남들의 지시 · 명령 · 간섭을 최소한으로
줄일지 궁리하며 살아왔다. 그리고 그러한 나의 바람이 실현된 지
금은 '심하다' 싶을 정도로 자기주도권을 실천한다. 다른 누구의 말
도 듣지 않으며 중요한 사항을 결정할 때도 대체로 남과 상의하지
않는다.

나는 내 회사를 가지고 있으니 모든 것을 직접 정할 수 있다. 이
래라저래라 잔소리 들을 일이 없다. 거래처도 고를 수 있고, 마음
맞는 사람들하고만 일할 수도 있다. 부모 형제, 친척과는 떨어져 사
니 가정이나 직장 문제로 싫은 소리를 들을 일도 없다.

육아만 해도 그렇다. SNS 등을 통해 '이 방법이 좋다', '그 방법은
나쁘다' 따위의 이런저런 이야기를 많이 접하지만, 남의 조언은 한

귀로 듣고 한귀로 흘려보낸다.

애초에 타인의 조언이란 '당신은 이러해야 한다'라는, 조언을 가장한 가치관의 강요에 불과하다.

내 자식에 대한 책임은 나에게 있으니 타인의 그런 조언은 불필요한 참견일 뿐이다. 그들의 조언에 따른다고 한들, 그들이 무슨 책임을 져준단 말인가.

요즘은 세상이 좋아져서 필요하면 인터넷에서 검색하면 다 찾을 수 있는 내용들이다. 전문서적도 있고, 행정기관에 문의할 수도 있으니 굳이 '육아에 관한 고민이나 불안'을 안고 살 이유는 없다.

사람들은 돈이 있으면 당연히 새 차를 사고 도심의 고급 아파트에 살아야 한다고 생각한다. 그런데 내게는 그런 일반적인 상식이 없다. 그 대신 나는 지바현(千葉県) 교외에 다가구주택을 지어 임대 수익을 올리며 살고 있다. 시공사 선정, 설계 및 사양에 이르는 주요 작업은 대부분 내가 직접 결정했다.

나는 돈벌이가 잘될 만한 일이라도 재미가 없어 보이면 접근하지 않는다. 정보든 사람이든 내 손에 쥐고자 할 때는 기본적으로 직접 나선다. 당연한 이야기지만, 떠나는 사람 잡지 않고 바람직하지 않은 것들은 무시하거나 차단한다.

그야말로 천상천하 유아독존이다. 누구의 지시도 받지 않기, 모든 것을 직접 정하기, 누구에게도 싫은 소리 듣지 않기가 몸에 배어 있다. 이렇게 살아서 설사 벌거벗은 임금님이 된다 한들 뭐 어떤가.

무엇 하나 아쉬울 건 없다. 벌거벗은 임금님, 최고다!

이렇게까지 말하면 나를 어지간히 성격 나쁜 사람으로 오해하겠지만, 맹세컨대 나는 주변에 욕설을 퍼붓거나 문제를 일으키는 사람은 아니다.

나는 스스로 내린 수많은 판단과 행동에 합리적인 근거와 자신감이 있다. 그 근거와 자신감에 따를 때 삶의 만족도(QOL: quality of life)가 지극히 높아진다.

물론 앞에서 언급한 것처럼 건강에 문제가 있을 때는 의사, 법률은 변호사, 회계와 세금은 세무사와 상담한다. 하지만 그러한 전문 영역 외에는 나의 판단에 온전히 의존해도 실패할 일은 거의 없다고 믿는다.

'그래서는 사회가 안 돌아가'라고 말할 사람도 있겠지만, 문제없다. 왜냐하면 자기 의지대로 살아갈 용기가 있는 사람이 그리 많지 않기 때문이다.

혹은 '주위의 의견도 들어야 성장하지'라고 말할 사람도 있겠지만, 그것도 문제없다. 왜냐하면 필자보다 멘탈이 강한 사람은 내 입으로 말하기 뭣하지만, 주위에 거의 없기 때문이다.

게다가 원래 성장이란, 행복을 얻기 위한 수단이지 목적이 아니다. 목적(행복을 느끼는 것)을 달성할 수 있다면 수단은 뭐가 됐든 크게 개의치 않는다.

물론 내 사례가 조금 특별한 경우일 수는 있지만, '남이 어떻게 볼까?', '주위 사람들이 어떻게 생각할까?' 하는 걱정을 하지 않을 수만 있다면, 누구든 지극히 편하고 여유 있게 살 수 있다.

우리는 법만 준수하면 그 누구의 지시도 받지 않고 누구의 영향도 받지 않는, 나만의 만족스런 삶을 살 수 있고 그것이 허락되는 나라에 살고 있다.

참고로 나만의 만족스런 삶이란, '자기 혼자만 만족한다'는 자만심을 뜻하는 것이 아니라 '단 하나의 고귀한 목적이 있다'는 뜻이다. 그리고 그 목적이란 자유고 행복이다.

벌거벗은 임금님 정도가
딱 좋다

앞에서 '벌거벗은 임금님' 이야기가 나왔는데, 어느 정도 인생 경험을 쌓고 나면 남의 시선 따위는 무시하고 자기 방식대로 만족하는 '벌거벗은 임금님' 같은 삶이야말로 정말 행복해질 수 있는 삶이라고 생각한다. 오늘날에는 임금님이 벌거벗는다 한들 그다지 곤란한 일도 일어나지 않을 테고 말이다.

참고로 '벌거벗은 임금님'은 아무리 권력자나 실력자라 해도 교만과 자만에 빠져 비판과 반대 의견을 받아들이지 않으면 실패와 자멸을 피할 수 없다는 교훈을 주는 안데르센 동화다.

이 동화의 내용을 간추려서 소개하면……,

어느 나라에 꾸미기를 좋아하는 임금님이 있었다. 어느 날 재봉사가 찾아와 자신이 '어리석은 자'의 눈에는 보이지 않는 신기한 옷감을 가지고 있다고 아뢰었다. 임금님은 그 옷감으로 옷을 만들라고 명했다.

그런데 '어리석은 자의 눈에 보이지 않는다던' 옷감이 임금님의 눈에도 보이지 않았다. 신하들 눈에도 안 보이기는 마찬가지였다. 그런데 신하들은 남들이 자신을 어리석게 볼까 봐 다들 안 보인다고 말하지 못했다. 옷이 완성됐다는 소식이 들리자 보이지도 않는 옷을 앞에 두고 임금님과 신하들은 서로 장단을 맞추며 그 대단한 옷을 놓고 감탄하기 바빴다.

　이윽고 임금님은 보이지도 않는 옷을 입고 큰길을 행진했다. 몰려든 백성들도 남들이 자신을 어리석게 여길까 봐 임금님의 새 옷에 열렬히 환호했다. 그런데 길가에 있던 한 어린아이가 "임금님이 벌거벗었네!"라고 외쳤다. 군중이 술렁이기 시작했다. 마침내 모두가 "임금님이 벌거벗었다!"라고 외치게 되지만, 임금님의 행진은 멈추지 않았다.

　……라는 이야기다.

　이 이야기는 임금님에게 두 가지 큰 결점을 부여했다.

　먼저 동화 속 임금님에게는 객관성, 합리성, 비판적 관점이 없다.

　애당초 '어리석은 자의 눈에는 보이지 않는 옷감'이라니 논리적으로 맞지 않는 수사(修辭)라는 사실을 알아차렸어야 했다. 그런데도 재봉사의 말을 곧이곧대로 믿었으니 이 임금님은 지적으로 나태했다고 볼 수 있다.

　또 임금은 백성에게 위엄을 보이기 위해 호사스러운 옷을 입을 필요도 있다. 그리고 옷은 체온 조절 기능과 땀 흡수, 해충과 부상 따위로부터 몸을 보호하는 등의 기능도 해야 한다. 그런데 새 옷을 장만하면서 이런 점은 하나도 고려하지 않았다. 굳이 이 점을 포기할 만한 필연성이 있었을까?

그런 관점에서 볼 때, 설사 발가벗는 사태가 벌어지지 않았다고 해도 임금님은 필시 다른 장면에서 지적 빈곤을 드러냈을 것이다.

그리고 임금님에게 저런 결점이 없었다면 '알몸으로 거리를 활보하는' 일은 일어나지 않았을 거라는 말이다.

흔히 사람들은 벌거벗은 임금님이 되지 말라고 한다. 벌거벗은 임금님은 '자기 행동이 상식을 벗어나 있음을 모르며', '독재적이고 독선적이며', '인생의 길을 잘못 들어섰고', '성장을 멈추었기 때문'에 나타난다. 그리고 이 모든 원인의 핵심은 다른 이의 말에 귀를 기울이지 않아서 생기는 문제라고 지적한다.

그런데 나는 묻고 싶다. 상식을 벗어난다는 것은 잘못된 행동일까? 정치가는 별개로 치더라도 나처럼 정보 제공을 업으로 삼는 사람은 상식을 벗어나야 대중과 다른 관점으로 사물을 볼 수 있기에 그 점이 오히려 장점이 된다.

독선적 · 독재적이라는 지적도 나중에 자세히 언급하겠지만, '내 생각이 틀리지는 않았나?'라고 되돌아보라고 권하는 것이 자기주도권이기 때문에 매번 궤도를 수정할 수 있어 되레 좋은 점이 많다.

게다가 혁신적인 작업은 오히려 독선적이고 독재적일 때 더 잘된다. 스타트업 벤처기업 등은 독재적으로 끌고 가지 않으면 속도와 기동성을 보장할 수 없다.

테슬라(Tesla)와 스페이스 X(SpaceX)를 이끄는 일론 머스크(Elon Musk)를 잘 알지 않는가? 그에겐 독선적이고 독재적인 면도 다분하기 때문에 수많은 혁신을 일으킬 수 있는 원동력이 되는 것이다.

'남의 조언을 무시하면 인생의 길을 잘못 들어설 위험이 있다'는 말에 대해서도 한 마디 해야겠다. 남의 조언은 틀린 말이 많다. 그 대신 이 책에서 소개하는 자기주도권을 갖추면 인생을 그르치는 판단은 내리지 않을 것이다.

또 하나. 이것도 나중에 소개하겠지만, 편견에서 벗어나 좀 더 객관적인 관점을 익혀야 한다. 그래야 남 밑에서 고생하며 배울 일이 줄어든다.

'남의 말을 듣지 않고 하고 싶은 대로만 하면
성장과 새로운 발견이 없다'라는 말, 정말일까?

'남의 말을 들어야 성장한다', '하고 싶은 대로만 하면 새로운 발견이 없다'라고 충고하는 사람들이 있다.

그런데 자기주도권은 사사건건 남의 말을 무시하거나 거절하라는 뜻이 아니다. 아무 말도 하지 말라고 남의 입을 틀어막으라는 것도 아니고, 아무 말도 듣고 싶지 않다고 내 귀를 틀어막겠다는 것도 아니다. 그런 것은 현실 도피이자 사고 정지일 뿐이다.

또 '내가 다 옳다'고 우쭐대거나 내 주장에 집착하라는 것도 아니다. 이런 건 단순한 고집에 지나지 않는다.

자기주도권은 오히려 그러한 경직된 발상에서 벗어나 유연한 사고로 자신에게 가장 잘 맞고 만족도 높은 판단을 하는 능력이다.

물론 자기 생각에만 빠져 있으면 사고가 편향되기 쉬워서 놓치는 부분이 생길 수도 있다. 타인의 지적을 받아야 비로소 '아하, 그런 관점이 있을 수 있겠다'라고 깨달을 수도 있다. 굳이 그 점을 부정하자는 것이 아니다.

다만, 남의 의견이 참고할 만하면 적극적으로 받아들이되, 그렇지 않다면 가볍게 흘려버리는 정보에 대한 능동적인 취사선택을 하라는 말이다.

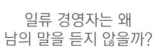

일류 경영자는 왜
남의 말을 듣지 않을까?

　수많은 창업가와 경영인을 만나 보면 자기 대에 성공한 중소기업 경영자는 대부분 다른 누구와도 상의하지 않고, 남의 이야기를 듣지 않는 경향이 있다.

　그 이유는 무엇일까.

　최고경영자는 자신이 경영하는 사업에 관해서는 가장 뛰어난 아이디어와 판단력을 가지고 있기에 그 조직의 수장이 될 수 있었다. 그리고 그 아이디어와 판단력이 동종 업계 타 기업보다 뛰어났기 때문에 성장하고 업계에서 살아남을 수 있었다.

　다시 말해, 본인 주위에는 본인의 아이디어나 생각을 뛰어넘는 의견을 가진 사람이 거의 없었기 때문에 다른 이의 생각을 구하는 행위가 낭비일 수 있는 것이다.

　일반인들은 남에게 설명함으로써 자기 생각이 정리되고 남의 반응이나 의견을 들음으로써 자기 아이디어를 다듬을 수 있다고 하지만, 그것은 평범한 사람의 경우다.

무엇보다 최고경영자 정도 되면 고도의 지적 작업을 오롯이 자신에게 내재한 힘으로 해낼 수 있었기에 혁신가로 살아남은 것이다.

속도 문제도 있다. 타인과 상의할 필요가 없으면 의사 결정과 행동이 모두 빨라진다. 벤처기업이 기동성이 넘치는 데는 조직이나 계층의 문제뿐 아니라 오너의 탁월함도 큰 몫을 하기 때문이다.

'경영자는 고독하다'라는 말도 부정적인 의미가 아니라 모든 주도권을 자신이 쥐고 있는 상태라서 고독하다는 의미이다.

경영 일은 대부분 트레이드오프(trade off)* 하나를 얻으려면 반드시 다른 하나를 희생하여야 하는 경제 관계이다. 완전 고용과 물가 안정은 서로 모순된 관계에 있는데, 실업을 줄이면 물가가 올라가고 물가를 안정시키면 실업률이 높아지는 것이라 이 일을 하면 저 일에 영향이 미치는 것은 당연한 결과다. 전략상 사업 철수가 필요하더라도 고용자의 처지에서는 일자리가 사라져 원망을 할 수도 있다.

경영자는 이런 상황과 자신의 사회적 책임을 모두 '대표이사'라고 하는 직함에 걸고 경영에 임한다. 따라서 주위에 아무리 많은 의견과 반응이 들끓어도 마지막에는 자기 손으로 결정할 수밖에 없다.

바야흐로 급격한 환경변화의 시대를 맞아 과거의 성공 경험은 통용되지 않는 시대가 되었다.

---

* 하나를 얻으려면 반드시 다른 하나를 희생하여야 하는 경제 관계. 완전 고용과 물가 안정은 서로 모순된 관계에 있는데, 실업을 줄이면 물가가 올라가고 물가를 안정시키면 실업률이 높아지는 것 따위.

AI와 게놈, 블록체인은 말할 것도 없고 눈부신 기술혁신을 등에 업고 참신한 아이디어의 상품과 서비스를 쏟아내는 신흥기업들이 속속 출현하고 있다.

과거의 연장선만으로는 예측할 수 없는 전혀 새로운 신기술의 시대다. 이 같은 시대 환경에서는 타인의 조언을 판단의 근거로 삼아본들 맞다는 확증도 없을뿐더러 그 누구도 성공을 장담할 수 없다.

게다가 이런 시대 환경에서 남의 의견에 따랐다가는 성공하든 실패하든 그 요인을 검증할 수 없고 자기 결단력도 높아지지 않는다. 급기야 실패하면 후회만 남을 뿐이다.

그래서 자기주도권이 필요하다.

나를 알고 내가 즐기는 일을 해야
세상을 주도하며 살게 된다

세상을 자신이 원하는 방향으로 이끌어가고 싶을 때는 무엇보다 자신이 누구인지를 제대로 아는 것부터 시작해야 한다. 그래야 비로소 자신이 어디로 가고 싶은지를 알 수 있다.

사람들은 자신에게 익숙한 것을 하고 싶은 본성이 있다. 그래서 자신에게 익숙한 것을 알아야 자신이 원하는 삶의 방식을 알 수 있게 된다. 자신에게 익숙한 것을 알려면 자신이 무엇에 관심이 있는지, 자신은 어떤 것을 할 때 흥미와 즐거움을 느끼는지를 잘 관찰할 필요가 있다. 그것은 어떤 일일 수도 있고, 어떤 분야일 수도 있다. 좀 더 구체적으로 들어가면 그것이 다른 사람과의 유대감일 수도 있고, 글쓰기나 기록 같은 쓰는 행위일 수도 있다. 그것도 아니면 요리나 목공 같은 기술적인 일이거나 남을 가르치거나 코칭하는데 남보다 더 흥미를 갖고 그 일을 할 때면 더 즐겁고 재미있는 것일 수 있다. 여기서 한 걸음 더 나아가 그 일이 내가 세상의 요구에 별로 영향을 받지 않는 일이어야 한다. 그런 일이 자신을 이끌어가야 세상이 나를 억지로 바꾸려 할 때 쉽게 흔들리지 않을 수 있다. 무엇보다 자신을 알고 자신이 끌리는 일을 즐기며 내 식대로 세상에 적응하려는 노력을 멈추지 않아야 한다. 그런 사람만이 언젠가는 세상이 나를 억지로 바꾸려 할 때 쉽게 수용하지 않고 자신의 길로 인생을 주체적으로 살 수 있는 것이다.

한번 뿐인 인생을 고통스러운 인생으로 살려는 사람은 없다. 누구나 자신이 소망한 대로 인생이 자연스럽게 흘러가기를 바란다. 그렇지만 어떻게 인생이 내 소망대로만 살아지던가. 누구나 크던 작던 몇 번은 고통의 순간들이 찾아온다. 그래서 불가에서는 인생을 고해(苦海)에 비유하는 것이다. 그렇게 내 소망을 배반하는 고통의 순간이 찾아올 때 작은 고통을 겪은 사람은 큰 고통을 겪는 사람을 보면서 자신을 위로하는 것이다. 그래도 나는 저 사람의 고통에 비하면 내가 겪은 고통은 큰 고통이 아니니까, 하면서.

그런데 한 가지 흥미로운 사실은 인간이란 본래 행복을 추구하면서도 본의 아니게 스스로를 불행에 빠지게 만드는 이상한 존재이기도 하다는 것이다. 문제는 지금 내 인생의 이 순간이 행복으로 가는 길목인지 불행으로 빠져드는 수렁인지를 지혜로운 사람이 아니면 좀처럼 구분하기 어렵다는 것이다. 그렇게 행·불행을 동시에 겪을 수밖에 없는 인간은 무엇보다 자신이 누구이고, 자신은 어떤 모습으로 변할 수 있는 존재인지를 스스로에게 묻고 알 필요가 있다. 어떤 가요 노랫말처럼 '내 속에 내가 너무도 많은데' 내 안에 있으면서 나를 성숙하게 하는 것들은 무엇인지, 나를 괴롭히는 것들은 무엇인지, 나는 어떤 잠재능력을 타고난 사람인지를 스스로 알고 있다면 변화무쌍한 외부세계와 맞붙어 자신만의 인생을 잘 지켜나가며 자기 성장의 삶을 가꿔나갈 수 있는 것이다.

우리는 세상에 태어날 때 내 의지로 태어나는 사람은 없다. 그리고 어린이부터 청소년기까지 부모의 울타리를 벗어나기 위한 사회성과 자기 독립의 방식을 교육받는다. 문제는 그다음부터이다. 일정한 시간이 지나 사회로 독립해 나올 때부터 우리의 삶은 수동적일 수 없다. 모든 건 그때부터 다 내 책임이다. 삶이 어려운 이유도 자신의 인생은 다 그만의 이유와 함께 스스로 책임져야 한다는 데 있다. 인간은 독립적인 삶을 살면서 동시에 절대로 수동적으로 살 수 없다. 예를 들어, 세상이 싫어 자기 방에만 은둔한다고 하자. 그것조차 자기가 능동적으로 선택하는 것이다. 밥 먹기 싫어 굶는 것도 능동적인 선택이다. 삶이란 그처럼 매 순간이 능동적인 선택의 연속인 것이다. 단지 그것이 제대로 된 선택, 자신의 발전을 위한 선택인지 아니면 퇴행하는 삶을 위한 선택인지의 차이만 있을 뿐이다.

심리학에서는 성장과 퇴행의 인간 행위를 에로스와 타나토스로 구분한다. 에로스는 살려는 욕망이고 타나토스는 자신을 고립시키는 마음이다. 그런데 이조차도 내 본능에서 우러나오는 내면의 요구이다. 그런 만큼 자신이 발전하는 삶을 선택하든, 스스로 고립되는 삶을 선택하든 그조차도 다 자신이 책임지는 것이라는 뜻이다.

결국 나답게 산다는 것은 내가 주도하는 삶을 살겠다는 의지의 다름 아니다. 그리고 그 의지는 곧 '아는 것'으로부터 시작된다. 물론 아는 데는 세상의 지식도 있고, 사람에 대한 이해도 있겠지만 그 첫 번째 출발은 바로 나 자신을 아는 데서부터 시작된다. 내 눈으로 보고, 내 귀로 듣고, 내 생각으로 세상을 알아야만 나만의 말과 행동으로 세상과 주체적으로 소통할 수 있기 때문이다. 그래서 어느 현자의 말처럼 '내가 곧 우주'이고 '내가 아는 것만이 내 세상'인 것이다. 여기서부터 나답게 사는 첫 걸음을 떼기로 하자. 바로 나를 아는 힘이 내가 세상을 살아가는 원동력이 되고, 내 운명을 나답게 개척하며, 나답게 살아볼만한 인생을 가꾸어나갈 수 있기 때문이다. 행복은 남에게서 찾는 게 아니고 내가 만족하는 것을 스스로 찾고 행동하고 느끼는 데 있는 것이다.

완전 새로운 낯선 세상,
자기 판단을 믿어야 한다

자기주도권은 때로 '독선' 또는 '독단'으로 받아들여진다.

그래서 성공한 사람들이 부러움의 대상이 되는 동시에 비난을 감수해야 하는 인물로도 부각된다. 예를 들어 애플(Apple)의 전 CEO였던 고 스티브 잡스(Steve Jobs)나 버진그룹(Virgin Group)의 창업자 리처드 브랜슨(Richard Branson)이 찬사와 비난을 한몸에 받은 인물로 유명하다. 특히 일론 머스크의 독주는 타의 추종을 불허하는데, 불가능하게 느껴지는 일을 지시하거나 모순된 요구를 몹시 진지하게 하는 것으로 잘 알려져 있다.

가령 테슬라에서는 '새 공장을 넉 달 만에 세워라', 우주 개발 사업을 하는 스페이스 X에서는 '로켓 부품 비용을 10분의 1로 줄여라'라는 말도 안 되는 요구만 했다는 것이다.

하지만 그 결과 완성된 테슬라의 최고급 세단 '모델S'는 연비가 도요타 프리우스의 2배인데 포르셰보다 빨랐다. 게다가 세단인데 미니밴만큼 공간이 넓어 시장에는 7인승으로 나왔다. 자동차 업계에서 상식적으로 양립할 수 없는 조건을 조합하는 데 성공한 것이었다.

물론 그도 전문분야에 관해서는 그 분야 전문가를 채용해 의견을 들은 것 같다. 하지만 그것은 더 깊이 이해해서 변혁의 여지가 조금이라도 더 있는지를 알아보기 위해서였을 것이다.

주위의 의견을 그대로 받아들였다면 그런 혁신은 일어나지 않았을지도 모른다.

자신의 일을 주변에서 '그만하자', '어렵겠다', '무모한 짓이다'라고 해도 그 의견들에 영향을 받아서는 안 된다. 자신이 하고 싶고, 할 수 있겠고, 해야 한다고 판단한다면 하면 된다.

자신의 의지로 정한다는 말은 분명한 '각오', 강력한 동기 부여, 무한한 책임감으로 실행을 선언한다는 말이다.

그러니까 '경영자는 고독하다'라는 말의 진짜 의미는 '최종 책임을 지는 자는 오로지 경영자 한 사람이기에 경영자는 각오한다'라는 뜻이다.

모두가 하는 말은
대체로 옳지 않다

과거의 경험을 통해 알게 된 사실이 있다. '모두가 하는 말은 대체로 옳지 않다'라는 것이다. 이 생각은 근래 더 강해졌다.

조금 극단적인 예를 들어보자. 내가 부동산 투자를 시작한 2003년 무렵에 주위에서는 대부분 '무섭다', '위험하다'라는 반응을 보였다. 하지만 그 투자 덕에 나는 경제적 자유를 얻었고, 지금은 부동산 투자가 일반적인 자산운용 수단으로 널리 퍼져 있다.

또 가상화폐 투자를 시작한 2017년에 사람들에게 이 투자를 말했을 때 반응이 대체로 '의심스럽다', '위험하다', '그게 뭔데?'였다. 그때 나는 주변의 부정적 반응에 개의치 않고 비트코인을 포함한 블록체인 기술이 유망하다고 느꼈다. 당시 가격은 1비트코인당 10만 엔이었는데 이 원고를 쓰고 있는 2021년 5월 현재 1비트코인은 3백만 엔이 넘는다.

코로나바이러스 감염증으로 인한 학교 휴교(2020년 4월)에 관해서도 나는 처음부터 반대 의견을 SNS에 올렸다. 학교 말고는 돌봐줄 사람이 없는 아이들이 많다는 점, 아이들은 밖에서 몸을 움직이지 않으면 스트레스를 받는다는 점을 나 자신의 경험을 통해 알고 있었기 때문이다.

리먼 사태 때도 경제난과 생활고로 자살자가 늘어났기 때문에 지나친 통제보다는 자연스럽게 경제를 활성화시키는 방안을 강구하는 것이 결국 생명을 지키는 일도 되는 것이었다. 코로나바이러스 대책이나 리먼 사태의 대안 모두 '생명'을 지키는 방안을 강구해야 한다는 생각이었다. 그런데 염려는 현실로 나타났다.

내 의견에 찬동해 준 사람들이 있기는 있었지만, 그들은 대부분 부유층(기업가, 경영자)이었다. 동시에 그들은 충분한 감염 대책을 시행하면서 흔들림 없이 경제활동을 했다.

일반 대중과는 정반대의 모습을 보여준 것이다.

미디어는
왜 틀렸는가?

매스컴 등 미디어의 말은 대체로 옳지 않다. 틀리지 않더라도 옳지는 않다.

왜냐하면 미디어에는 근본적인 결함인 '정보를 팔아야 한다'는 숙명이 있기 때문이다.

TV 방송국, 출판사, 신문사는 모두 이익을 추구하는 영리기업이다. 이 말은 곧 시청률을 얻거나 서적 또는 잡지를 팔아야 한다는 의미이다.

그들이 이익을 얻으려면 시청자 또는 독자를 끌어 모을 만한 정보나 그들을 유혹할 수 있는 표현 방법을 강구해야 한다. 그러다 보니 자연히 선동, 과장, 때로는 조작이나 날조 같은 일을 벌인다.

한편 신문은 거의 선동이 없는 사실 정보가 주류다. 물론 간혹 오보나 편향된 기사, 제목 카피가 여론조작 냄새를 풍기기도 하지만, TV나 잡지에 비하면 덜한 편이다.

그래서 그런지 신문의 발행 부수는 해마다 줄고 있다. 인터넷 뉴스에 밀리는 측면도 있지만, 독자가 원하는 정보가 아니라는 얘기도 될 것이다.

프로그램 제작이나 기사 작성은 모두 미디어 기업에 근무하는 직원이 맡는다. 매스컴에는 유명 대학을 졸업한 고학력자들이 많이 입사한다고 하지만, 그들도 사람이다.

그러니 그들이 꼭 독자보다 시야가 넓다거나 분석력이 뛰어나다고는 할 수 없다. 기자나 편집자도 각자의 취향과 가치관, 신조가 있고 그것을 근거로 정보를 내놓는 일이 다반사이다. 때로는 처음부터 특정 결론을 내려놓고 그것을 뒷받침하는 정보만 모아 편파보도를 하기도 한다.

따라서 미디어가 내놓는 정보가 반드시 옳다, 공정하다, 믿을 만하다고는 할 수 없다.

그렇다면 그렇게 많은 편향적인 정보가 나오는 이유는 무엇일까? 대중이 원하기 때문이다. 미디어는 팔리니까 내놓는다. 팔리는 정보를 판다.

다시 말해 고객이 원해서 만드는 것이다. 예를 들면 유명인사의 불륜 같은 가십거리가 TV 보도 시간에 버젓이 보도되는 이유는 시청자가 가십 정보를 좋아하기 때문이다.

미디어는 기본적으로 대중의 눈높이 이상도 이하도 아니다. 미디어의 지성은 대중의 지성을 반영한다.

슬프게도 일반 대중은 확인되지 않은 불량 정보를 곧이곧대로 받아들인다. 가령 '낫토가 다이어트에 좋다'라는 TV 특집 프로그램이 방송되기만 하면 슈퍼에서 낫토가 불티나게 팔릴 정도로 시청자들은 순종적이다. 그들은 의심하지도 않고, 진위를 확인하려 들지도 않는다.

미디어가 내놓는 내용이 옳다고 생각하다 보니 미디어가 찬성하면 자신도 찬성 쪽으로 가고, 미디어가 반대하면 자신도 반대로 돌아선다. 미디어는 그렇게 해서 여론을 만든다.

'모두가 하는 말이 대체로 옳지 않은' 이유가 여기에 있다.

대중은
어리석다

따라서 기본적으로 '대중은 어리석다'라는 말을 전제로 삼아 남의 말은 새겨듣지 말고 자기 머리로 생각할 것을 권한다.

이 얘기는 타인을 업신여겨도 된다는 의미가 아니다. '나는 우수하다', '나는 여느 대중과는 다르다' 따위의 위에서 내려다보는 시선으로 보라는 뜻이 아니며, '나는 선택된 인간이다'라는 선민사상을 가지라는 말도 아니다.

'평균적인 대중의 발상이나 발언에 큰 무게를 두지 말라'는 의미다. 그 이유는 많은 이들이 대중의 의견을 논리보다 감정으로 판단하기 때문이다.

앞서 나온 가십 보도 건도 그렇지만, 자기 개인의 행복이나 국민 대다수의 행복에 아무 도움도 되지 않는 정보를 보고 '괘씸하다'라고 들썩이는 모습은 그야말로 감정 소모다.

요컨대 어떤 판단을 하는지가 중요하다. 그런데 사람들이 대중의 발언에 앞뒤 없이 휘둘리는 모습을 보면 그러한 태도는 수긍할 만한 가치를 조금도 찾을 수 없다.

또 사람들은 대부분 근거 없이 타인에게 '이렇게 하는 것이 좋다', '이렇게 해야 한다', '그렇게 하면 안 된다'라는 부담을 주는 견해를 표출하는 경향이 있다.

예를 들어 '고독사를 막아야 한다'라고 생각하는 사람은 많다. 실제로 그런 보도가 화제가 된다는 것은 국민 대다수가 고독사를 비극으로 본다는 뜻이다. 그런데 그 이유가 상당히 개인감정에 치우치고 있다.

"왜 고독사를 막아야 하지?"

"불쌍해서."

"하지만 본인은 만족스럽게 죽었을지도 몰라."

"아니지. 아무도 지켜보지 않는 가운데 죽는 건 불쌍하지!"

그러니까 '고령자가 가족이나 동료의 보살핌을 받으면서 임종을 맞이할 수 있는 환경을 마련해야 한다'라는 것인데, 이것도 본인의 고정관념이다.

애초에 '고독사는 불쌍한 것'이라고 처음부터 정해져 있지도 않으며 '그렇게 보이는' 것뿐이다. 그저 산 사람이 멋대로 생각한 것이란 말이다.

당연한 소리지만, 개중에는 만족스럽게 사망했거나 남에게 죽어가는 얼굴을 보이기 싫었던 사람도 있었을 것이다. 그런데 본인의 잣대로 '불쌍하다'라고 타인의 불행을 결정 짓고 있으니 얼마나 자기 멋대로의 결론인가.

　무엇보다 본인이 고정관념에 얽매여 있다는 사실조차 깨닫지 못하니 거기서 벗어나기가 더 어려울 것 같다. 왜냐하면 본인은 자신의 주장이 옳고 그 주장이 정의라고 믿을 것이기 때문이다.

타인의 의견은
그의 삶에서 터득한 경험에 불과하다

고독사만이 아니다. 같은 사건, 같은 상황을 맞았다 해도 우리는 느끼고 받아들이는 방식이 각자 다 다르다. 예컨대 비가 내리면 우울하다는 사람이 있다. 하지만 필자는 빗소리를 들으면 긴장이 풀리기 때문에 일에 집중하고 싶을 때는 오히려 반갑기 그지없다.

SNS 등에 비방 댓글이 올라오면 사람들은 상처를 받는다지만, 필자는 '지적 맷집이 약한 사람들이 낚인' 것 같아 우습기만 하다.

이처럼 자신에게 주어진 상황을 어떻게 받아들이는지는 사람에 따라 다르다. 이는 사람마다 경험이 다르고, 그 경험으로 인해 사물을 인식하는 습관과 경향이 다르게 형성되었기 때문이다.

'좋다, 나쁘다'를 구분할 문제는 아니지만, 자기 삶의 방향성에 관한 문제이므로 이 같은 '사고 습관'은 대단히 중요하다.

사고 습관은 사람마다 다르고 모두에게 일률적으로 적용되는 방법은 없다. 그저 문제가 생겼을 땐 자기만의 경험에서 나오는 자신만이 해결할 수 있는 자세와 능력을 갖추어야 한다.

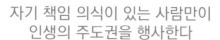

자기 책임 의식이 있는 사람만이
인생의 주도권을 행사한다

자기주도권의 바탕에는 '인생은 모두 자기 책임이다'라는 사고방식이 전제되어 있다.

자기 책임론이란 문자 그대로 자기 인생은 자기가 책임진다는 의식으로 사는 것이다.

'책임을 진다'는 의미는 타인을 무시하고 사회적 약자를 내팽개치겠다는 의미가 아니라 '자기 일은 자신이 결정하고 그 결과를 받아들일' 각오를 하라는 뜻이다*.

남의 손에 결정을 맡기면, 결과가 바람직하지 않을 때 불만이 생긴다. 그럴 때 남, 회사, 정부, 사회를 탓한다고 해서 그들이 나에게 이익이 될 만한 뭔가를 해주는 것도 아니다. 오히려 기대하고 의존하면 기대와 달랐을 때, 배신감만 느끼면서 화만 날 뿐이다.

* 일본에서 말하는 '자기 책임론'은 단순히 '자기 행동을 자신이 책임진다'라는 의미에서 끝나지 않는다. 그보다는 '어려운 상황에 부닥치기 전에 어떤 형태로든 자신의 선택이 있었다면 무조건 스스로 책임져라'라는 식으로 확대해석하는 경향이 더 강하다. 그로 인해 사회적 약자, 범죄 피해자, 위험에 처한 재외 국민 등이 보호받지 못한 채 비난의 대상이 되고 사회로부터 소외되는 문제 현상이 뚜렷하다. 이 같은 맥락에서 나온 문단이다.

이보다 더 절망적인 결과는 자기 인생을 자기 손으로 바꿀 수 없다는 생각이 들면 희망이 사라진다는 것이다.

그러니 결정권을 남에게 넘겨서는 안 된다. 스스로 생각하고 스스로 정해야 한다.

이런 단단한 자기책임의식이 있으면 타인과 외부 환경, 사회의 부정적인 영향에 웬만해서는 흔들리지 않을 방도가 생긴다.

남에게 의존하지 않으려고 하면 어떻게든 혼자서 해보려는 대책을 궁리하기 마련이다. 설사 부정적인 영향을 받았다 하더라도 그것을 자신의 힘으로 수정, 개선하려는 의지를 다질 수 있다.

물론 예기치 못한 질병, 사고, 불행한 사건까지 죄다 자기 책임이라는 말은 아니다.

자신이 감당할 수 없는 불가항력적인 일만 제외하면 무슨 일이든 자신에게 일어난 상황은 모두 자기 책임이라고 받아들일 각오를 하라는 것이다.

'상사가 너무 무능해서 일할 맛이 나지 않는다'라고 짜증부터 내는 사람이 있다고 하자. 하지만 이런 사람은 남이 자기 일할 맛을 좌지우지할 정도니 너무 시시한 사람이 아닌가? '너무 무능한 상사' 탓에 자기 의욕이 꺾이면 자기만 억울할 뿐이다. 게다가 남이 유능하지 않아서 의욕이 생기지 않는다니 그렇게 말하는 이의 능력도 심히 의심스럽다.

상대가 무능하면 유능한 자신이 뒷받침하면 된다. 상대가 멍청한 지시만 내린다면 대안을 제시해 보라. 이해해 주지 않는다면 어떻게 해야 이해해 줄지 지혜를 짜내라. 그래도 안 되면 직접 성공 사례를 만들어라. 성과를 제시하면 주위의 생각이 달라질지도 모른다. 그래도 안 되면 이직하면 되지 않나?

여기까지 생각하면 세상 일엔 어느 것도 낙심할 이유가 없다. 시도할 일은 태산보다 많으니까 말이다.

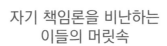

자기 책임론을 비난하는
이들의 머릿속

이에 대해 '뭐든 자기 책임으로 돌리는 건 좋지 않다', '사회적 약자의 처지를 개인의 책임 탓으로 몰고 가는 사고방식이다', '살벌한 사회 분위기'라는 식으로 자기 책임론을 부정하는 이들이 있다.

이런 사람들은 무의식중에 '환경은 누군가로부터 주어지는 것'이고, '환경은 자기 힘으로 바꿀 수 없는 것'이라고 생각하는 경향이 다분한 것 같다.

'진학, 취업, 결혼 같은 다양한 선택지나 상황도 모두 주어지는 것이다. 나는 그 안에서 최선을 다할 뿐이다. 결과가 잘 나오지 않으면 그 책임은 환경을 제공한 쪽에 있다'라는 수동적인 사고방식 말이다.

그러고 보니 '나도 노력했다. 그런데도 이렇게 불우한 것은 내가 우둔해서가 아니다. 노력이 부족해서도 아니다. 문제는 이런 시대 환경과 상황을 만들어 낸 사람들에게 있다. 그러니 내 책임으로 몰지 말란 말이다'라고 주장하는 그들의 이유를 알 것 같다.

불평불만만 하는 사람도 사고회로가 같다. 불만이 있으면 직접 바꾸든지, 변화를 제안하든지, 또는 그 공간을 벗어나는 등 분명 선택지가 있을 텐데, 할 줄 아는 것이 없으니 불평만 늘어놓는 것이다.

이런 생각을 하는 사람들은 대부분 '사고를 멈추었기' 때문이다.

'내 탓이 아닌 다른 사람 탓'이고, '나 아닌 다른 사람이 해야 한다'는 주장이니까 '내 손으로 어떻게든 해보자'라는 방향으로는 머리가 돌아가지 않을 것이다. 다시 말해 '생각하지 않는다'는 뜻이다.

수동적이고 사고가 멈추었기에 이상한 것을 이상하다고 생각지 않는다. 이상하다고 생각해도 이상하다고 말하지 않는다. 이상하다고 말만 할 뿐, 이상한 것을 직접 바꾸려 들지 않는다.

이상하다고 생각해도 떠밀리듯 상황을 받아들이고 만다.

그러다 보니 전면적으로 남의 영향을 받는다. 농락당한다. 착취당한다.

참으로 불우하고 괴로운 삶이다. 그러니 자신에게 다가오는 부정적인 상황을 절망하면서 SNS 같은 데다 독을 뿜으며 필자처럼 자기 책임론을 내세우는 사람을 비난하고 저주할 수밖에 없을 것이다. 불행한 일이다.

그렇게 살지 않으려면 '자기 삶과 자신이 살아가는 환경은 스스로 만들고 스스로 바꿀 수 있다'라는 전제를 세워야 한다. 그렇게 해서 늘 문제의식을 발동시키는 것이 현명한 삶의 자세이다.

'이건 좀 이상한데?'라는 느낌을 받고 '나 같으면 어떻게 할까?' 하는 점을 따지라는 말이다. 즉 '생각하고 행동하라'는 것이다.

낙심할지 분발할지는
자유다

가난하다고 불평하는 사람이 있다. 물론 돈이 없는 건 바람직한 상태가 아니다. 그것 때문에 낙심할지 분발할지도 본인의 자유고 자기 책임이다. '격차를 해소해야 한다'라고 주장하는 사람들이 있다. 그러나 공부와 노동을 강제할 수 없는 민주주의 사회에서 노력하는 사람과 그렇지 않은 사람의 차이가 나는 것은 오히려 자연스러운 현상이 아닐까?

'어쩔 수 없이 저임금에 불안정한 직업을 선택할 수밖에 없었다'라고 주장하는 사람도 있지만, 그렇다면 그렇지 않은 회사에 선택받을 능력을 갖추면 된다.

'우리 회사는 블랙 기업이다'라는 말을 하는 사람들도 이력서를 보내 면접을 보고 입사하기로 한 사람은 다름 아닌 자기 자신이다. 누군가가 멋대로 자기 이력서를 보낸 것도 아니고 대리로 면접을 본 것도 아니다.

그러니 그만두는 것도 본인의 자유, 이직하는 것도 본인의 자유다. 아무도 말리지 않는다.

'기회가 없었다'라고 변명하는 사람은 큰 착각에 빠진 것이다. 도서관에 가면 최신 비즈니스 서적과 전문서적이 널려 있어서 공짜로 공부할 수 있다. 전 세계 유수 대학의 강의도 온라인에 무료로 공개되어 있다. 그러니 대학을 못 가서 교양과 전문 지식을 익히지 못했다는 변명은 이제 더 이상 변명거리에도 들지 못한다.

필자도 한때는 경영하던 회사의 실적이 나빠져 인건비도 제대로 나오지 않던 시절, 월세 5만 엔짜리 다 쓰러져가는 아파트에 들어간 적이 있다. 그래도 근처 싸구려 선술집을 찾아 즐겼고, 무료로 커피를 리필해 주는 카페에서 몇 시간씩 시간을 보내는 등 나름대로 재미있게 살았다.

돈도 없었고 사는 집도 초라했지만, '어떻게든 되겠지'라는 희망을 품고 지내니 그런대로 인생이 살만했다.

즉 가난한 것 자체가 문제가 아니라 자기보다 잘사는 남과 비교하며 가난한 상태에 있는 자신을 비관하고 낙담하는 본인의 정신 문제인 것이다.

이렇게 말하면 '희망을 품을 수 없는 사회가 문제야', '미래에 대한 희망을 품을 수 없기 때문이야'라고 부르짖는 사람들이 나타난다. 그런데 희망이란 본인의 '의사'이지 누군가가 안겨다 주는 것이 아니다. 그리고 꿈이란 누군가가 '짠'하고 보여줄 수 있는 성질의 것이 아니다.

눈앞에 벌어진 일과 상황은 모두 본인이 자유의지로 정한 결과이므로 미래도 자유롭게 선택할 수 있다. 희망을 품으면 인생은 밝아진다. 희망을 버리면 인생도 어두워진다. 이 둘은 모두 옳은 말이다.

다시 말해 '나는 어떤 인생을 지향하는가?' 하는 자유 선택에 지나지 않는 것이다.

사회 구조 탓 좀
그만하라

　학자나 평론가 중에는 '사회가 나쁘다', '사회를 바꿔야 한다'라고 목소리를 높이는 사람들이 많은데, 내가 보기에 그들은 아무 생각이 없는 사람들이다.

　애초에 그 '사회'란 것이 무엇인가?

　사회에 문제가 있다고 주장하는 사람이 구체적인 해결책이나 문제에 대한 측정 수치를 내놓지 못했다면 원인에 대한 접근이 피상적이고 과제 설정이 비현실적이었다는 말밖에 안 된다.

　어떤 문제를 해결하고자 할 때, 원인을 '사회'라고 막연하게 설정하면 해결방안에 대한 생각이 더 이상 앞으로 나아가지 못하고 문제 해결에서 멀어질 뿐이다.

　일전에 어떤 인터넷에서 '아이 키우기 좋은 사회로 바꾸어야 한다'라는 교육 평론가의 칼럼을 읽은 적이 있다. 칼럼에서 필자의 논지 전개는 설득력도 없이 사고가 제자리만 맴돌고 있었다. 그의 논리대로라면 아무것도 변할 수 없을 것 같았다.

사실 '아이 키우기 좋은 사회로 바꾼다는 것이 구체적으로 어떻게 한다는 것인가?'를 생각한다고 해서 당장에 해결 방안이 떠오르겠는가?

포스터를 붙이고 리플릿을 나눠준다고 사람들이 금세 해법을 깨우칠 수 있을까? 정말 효과가 있을까?

그렇게 해서 될 일이라면 온갖 범죄, 집단 괴롭힘, 학대도 다 사라졌을 것이다.

그러니까 다른 무언가를 탓하지 말기.

먼저 자신이 변하기. 몸소 행동하기.

그렇게 자신의 책임으로 모든 일을 실천하다 보면, 자신에게 일어나는 온갖 일을 다양한 측면으로 예측하고 상상하며 대비하게 된다. 설사 문제가 일어나도 '어떻게 하면 해결할 수 있을까?' 하는 방향으로 생각의 방향을 잡아 대책을 모색해 그에 따른 행동을 하게 된다.

하지만 남을 탓하는 사람은 늘 해결 방법을 생각하지도, 상상하지도, 대비하지도 않는다. 그래서 문제가 생기면 자신의 불행만 한탄하면서 불행의 원인을 늘 정부와 행정 기관 탓으로 돌린다. 정말 답답한 인생이다.

그래서 나는 고통 받지 않고 행복한 삶을 살아가는 데는 '자기 책임 의식'이 매우 중요하다고 생각한다.

스스로 결정하지 않으면
남에 의해 결정된다!

Chapter 2

자기주도권은 합리성과 객관성을 양립시키는 지적 능력이다

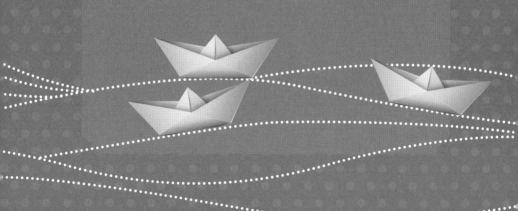

결단의 힘은 객관성까지
내포하는 힘이다

'자기주도권'이라고 하면 왠지 생각이 자기중심적으로 치우쳐 '객관성이 부족하다'는 인상을 줄 수도 있다.

그러나 이 책에서 말하는 결단의 힘은 '과신', '독선', '인지 왜곡'을 배제하고 가능한 한 객관적으로 사물을 보고 판단하는 힘이다. 그리고 그러한 판단을 혼자서 완수해내는 지적 능력이다.

자기주도권을 갖추려면 자신을 잘 이해하고, 자신의 행복에 관해 제대로 인식하며, 그 행복이 타인과 다르더라도 흔들리지 않는 지적 체력을 키워야 한다. 그러면서 자신이 과신이나 독선에 빠지지 않았는지, 인지 왜곡이 있는지를 살피고 깨쳐서 즉석에서 바로잡아야 한다.

사실 일반인이라면 이러한 자기주도권을 갖추기가 여간 어렵지 않을 텐데 실제로는 필자를 포함해 많은 사람이 '나는 남보다 더 객관적으로 볼 수 있다'며 자신의 객관화 능력을 평균 이상이라고 과신하는 사람들이 많다.

설문 조사를 해보면 '내 운전 능력은 평균 이상이다'라고 답한 사람의 비율이 70% 이상이라고 하듯 사람은 자기 능력을 실제보다 대단하게 평가하는 경향이 있다.

이것이 그 유명한 더닝 크루거 효과(Dunning-Kruger effect)*다.

결론을 요약하면 다음과 같다.

꼴찌 그룹과 일등 그룹은 자기 인지 능력에서 차이를 나타낸다.

능력이 없는 사람은 자기 수준을 제대로 평가할 수 없다.

능력이 없는 사람은 다른 사람의 능력도 제대로 평가할 수 없다.

능력이 없는 사람은 자신을 과대평가하는 경향이 있다.

즉 '나는 평균보다 뛰어나다'라는 생각이 들면 이미 자신은 평균 이하라는 것이다. 필자도 이 점을 늘 명심하고 있다.

하기야 프로필 사진이나 패션 따위는 자기 자신보다 다른 사람의 의견이 더 객관적이고 적절할 때가 많다. 그러고 보니 필자도 직접 옷을 고른 날에는 아내에게 촌스럽다는 지적을 받곤 한다.

그처럼 내 눈에 좋아 보이는 것과 그것이 남의 눈에 어떻게 보이는지는 별개의 문제다. 자기 목소리를 녹음해서 들어보면 전혀 다른 사람의 목소리로 들리는 것처럼 자신은 자기 모습을 객관적으로 볼 수 없다는 말은 맞다.

* 1999년 코넬대학교(Cornell University) 사회심리학과 교수였던 데이비드 더닝(David Dunning)과 대학원생 저스틴 크루거(Justin Kruger)가 학부생을 대상으로 실시한 인지 편향 실험의 결과.

하지만 판단도 그럴까?

판단은 '남에게 어떻게 보이는가, 어떻게 비치는가?' 하는 것과는 다르게 '자신이 능동적으로 관여하는' 의사 결정 행위다. 모든 사람에게 항상 객관적인 판단이라는 것은 없다. 판단은 자기 가치관과 성격에 따라 하는 것이어서 객관성이라는 잣대를 들이댈 수 없는 것이다.

예컨대 남들이 아무리 '너한테는 바지보다 플레어스커트가 잘 어울린다'라고 조언한들 '플레어스커트를 입으면 몸가짐이 조심스러워야 한다. 생활이 활동적인 나에게는 바지가 더 낫겠다'라는 판단을 했다면 그 말이 아무리 객관적인 조언이라 해도 나에겐 이미 적절한 조언이 될 수 없다.

필자도 전에 스타일리스트로부터 "오도 씨는 어깨가 넓으니까 양복을 입어야 스타일이 잘 살아요."라는 말을 들은 적이 있다.

하지만 내가 하는 일을 생각하면 양복은 불편했다. 나는 캐주얼 차림으로 입어야 일을 편하게 할 수 있겠다고 판단했다. 그래서 '스타일은 좀 떨어지더라도 생산성을 우선하겠다'라고 결정했다.

맞느냐 틀리냐가 아니라
받아들일 수 있어야 한다

우리는 편견이나 인지 편향을 완벽하게 배제할 수 없다. 다시 말해 항상 옳고 적절한 판단을 할 수 있는 것은 아니라는 말이다.

예컨대 나는 좋은 의도에서 한 행동이라도 상대에게는 불필요한 참견이 될 수 있듯이 객관적으로 옳거나 틀린 판단이란 있을 수 없다는 말이다.

또 사람에게는 패션이나 기호품처럼 호불호나 취향, 즐거움의 문제가 있다. 설사 합리적인 조언이라 할지라도 내가 재미없고 받아들이기 어려우면 그 조언은 적어도 '나에게는' 합리적이지 않은 것이다.

즐거움을 위한 선택이 객관적인 합리성과 무관한 예는 얼마든지 있다. 가령 등산 중에 '산세가 험해 보여도 틀림없이 경치가 좋을 것 같은' 길을 갈 때가 있는 것처럼 말이다. 그뿐인가. 아이들은 옷이 물에 흠뻑 젖어도 아무렇지 않게 여기니(오히려 그걸 재미로 여기니까) 웅덩이를 보면 일부러 뛰어들어 물장구를 친다.

그뿐만이 아니다. 사람은 판단을 할 때 과거 경험에 의존하는데, 경험을 통해 배우는 것들은 사람마다 다 제각각이다. 게다가 당시에 품었던 감정과 맞물려 사람에 따라서는 같은 상황에서 정반대의 판단을 하기도 한다.

사람에겐 누가 봐도 객관적인 판단이란 현실에 없다. 따라서 자기 주관 속 객관을 실현하는 것이 바람직하다고 할 수 있다.

그런 의미에서 중요한 것은 자신이 받아들일 수 있는지이다.

'받아들인다'라는 의미는 결과가 어떤가 와는 무관하다. 결과가 좋은 쪽으로 나왔을 때는 만족감을 느끼는 방식으로 받아들이고, 나쁜 쪽으로 나왔을 때는 낙담하지 않고 다음에는 어떻게 할지 차분하게 반성하는 방식으로 받아들이면 되기 때문이다.

사람이 어떤 상황을 받아들이려면 자기 결정감, 조절감, 파악감이라는 세 가지 요소가 충족되어야 한다.

자기 결정감이란, 말 그대로 자신과 관련된 일을 직접 정하고 있다고 느끼는 감정이다. 상황을 받아들이려면 자기 삶을 자신이 정했고, 자기 머리로 생각해서 자기 책임 하에 판단했다고 느끼는 자기 결정감이 필수다.

예를 들어 창업경영자는 보통 아무리 오랜 시간 일하더라도 우울증이나 과로사에 이르지 않는다. 그 이유는 일과 관련한 모든 사항을 직접 정하기 때문이다. 반대로 자유재량의 범위가 좁은 샐러리맨은 스트레스를 받기 쉽다.

조절감이란, 자신과 관련된 일에 대해 적절한 판단으로 제어할 수 있다고 느끼는 감정이다.

사람은 일이 뜻대로 되지 않을 때 스트레스를 받는다. 그러나 대체로 자기 뜻대로 흘러간다고 느낄 때, 자기 인생을 자유자재로 조절할 수 있을 때는 만족감을 느낀다. 그야말로 인생을 자신이 지배한다, 제어할 수 있다는 느낌이다.

파악감이란, 장래를 어느 정도 내다보고 난관이 있더라도 극복할 수 있겠다고 느끼는 감정이다.

미래를 파악할 수 있다고 느끼면, 다가올 일에 대한 불안감 또는 미지의 일이나 상황에 대한 두려움이 줄어들고 미래를 희망적으로 볼 수 있다.

단, 파악감은 어느 정도 인생 경험과 스스로 문제를 해결해 왔다는 자신감이 쌓인 뒤라야 느낄 수 있다. 역경과 고난, 좌절을 헤치고 살아온 사람이 어떤 문제에 부딪히든 무난하게 넘길 수 있을 거라고 여기는 것은 그 때문이다.

자기주도권을 익힌다는 것은 이 같은 기분 좋은 감각을 수반한 판단력을 익히는 것이다. 필자는 이것이야말로 행복을 구성하는 한 요소라고 생각한다.

상식과 고정관념에 얽매여 있는지
알아차리고 싶다면

　사람들은 흔히 '상식에 얽매이지 마라', '고정관념에 사로잡히지 마라'라고 충고한다.

　그런데 이 충고를 받아들이는 사람의 가장 큰 문제는 이 말을 듣는 사람은 대부분 '나는 상식에 얽매여 있지 않다', '나는 고정관념에 사로잡힌 사람이 아니다'라고 생각한다는 점이다.

　이런 사람들은 애초에 상식에 얽매여 있다는 것이 어떤 상태인지, 고정관념에 얽매인 상황이 어떤 경우인지를 잘 알지 못한다. 한마디로 자신의 상태가 어떤지를 깨닫지 못하는 치명적인 결함을 안고 있다고 할 수 있다.

　그러니 충고한다고 해서 울림이나 효과가 있을 리 만무하다.

　말해 본들 입만 아프다는 것을 알고 있으니 자기모순인데도 필자는 늘 같은 충고를 되풀이한다.

　'아무것도 모르면서'라고 불평하는 사람이 있는데 사실은 그 자신이야말로 아는 게 없다는 사실을 깨닫지 못한다. 애당초 아는 게 없으니까 구체적인 지적을 못 하는 것이다. 자기모순이다.

'비판만 하면 안 된다'라는 비판도 마찬가지다. 이처럼 우리는 자기모순에 찬 언행을 종종 한다.

객관성을 얻으려면 자기모순에서 벗어나는 여유, 즉 '나야말로 상식과 고정관념에 얽매여 있지 않은지' 되돌아보는 여유를 가져야 한다.

원래 상식이란, '기타 다양한 사고 패턴과 행동 패턴'에 지나지 않는다. 다시 말해 '평범한 사람의 보통 지식'인 것이다. 요컨대 상식을 따른다는 것은 곧 평범한 사람의 길을 걷는다는 의미이므로 한 걸음 물러서서 보면 상당히 우스운 일임을 알 수 있다.

상식이 상식으로 통용되는 데는 다 이유가 있다.

'그 정도는 상식이죠', '보통은 그렇게 하죠'라고 말하는 사람들이 실제 그 지식이 상식으로 통용되는 이유, 다들 그렇게 하는 이유에 관해 자기 말로 설명할 수 있을까?

단순히 발뺌하고 자기 가치를 정당화하기 위해 상식이나 보통이라는 표현을 쓸 뿐, 사실은 자신도 그 이유는 잘 모른다(또는 생각해 본 적도 없다).

사람들은 '상식이 있다'는 말을 듣고 좋아하지만, 이는 '남과 같은 지식을 알고 있다'는 뜻에 불과하다. 상식에 따른다는 것은 '더 생각하지 않는다'는 말이다.

그러니 우선은 자기 안에 있는 상식과 고정관념부터 자각해야 한다. 그러려면 자신의 내면에서부터 의식적으로 '내가 모르는 것이 있다', '내가 잘못 생각하는 부분이 있다'라는 사고를 작동시켜야 한다.

이는 고도의 지적 반성이다. 자신이 무언가에 얽매여 있다는 사실을 알아차리는 냉철함과 그것을 수용하는 생각의 폭이 넓어지면 객관성이라는 지성을 획득할 수 있다.

무지의 지(知)를
자각하라

　자신의 상식과 고정관념이 어떤지를 알아차릴 수 있는 순간은 쉽게 찾아볼 수 있다. '타인의 언행에 화가 날 때', '타인에게 비판이나 설교를 하고 싶을 때'가 그때이다.

　자신과 다른 사람에게 불만이 생기는 것은 자기 상식이나 고정관념으로 상대를 평가하려 들기 때문이다. SNS 등에서 끊임없이 일어나는 다툼도 대개는 자기 생각을 강요하는 데서 시작된다.

　정말 어려운 건 여기서 부터다. 여간해서는 '내가 틀렸을지도 모른다'라고 인정하기가 쉽지 않기 때문이다.

　사람들은 대부분 자존심 때문에 '내가 옳다. 내가 더 똑똑하다'라고 믿고 싶어 하므로 자신이 틀렸을 가능성은 생각하지도, 인정하려 들지도 않는다. 그래서 자기 상식을 의심하지 못하고 고정관념도 버릴 수 없는 것이다.

　전지전능한 존재가 아닌 한, 우리가 말하는 '앎'은 지극히 한정적이고 부분적이다. 대형 서점에 가면 방대한 인류의 지혜가 나열되어 있다. 그 앞에 서면 자신의 무지가 그대로 느껴지게 된다.

그런데 '모르는 것이 있다'라는 사실을 자각할 필요가 있어도 '모르는 것이 있다는 사실조차 모르고', '이해하지 못하는 바가 있다는 사실을 이해하지 못하는' 사람이 많다.

이를 극복할 수만 있다면, 한 차원 높은 지성의 단계에 도달할 수 있을 것이다. 하지만 그것은 당연히 '자신의 무지와 편견을 인정하는 행위'이기 때문에 매우 어려운 일이다.

지성을 나타내는 표현의 하나로 '무지의 지'라는 것이 있다. 이는 '자신이 모른다는 사실을 안다'라는 의미로 자신의 무지를 자각하는 지극히 고도의 지적 능력이다.

입체 기동 장치를
장착하라

《진격의 거인》이라는 히트 애니메이션이 있다. 인류가 식인종 거인의 위협에서 벗어나기 위해 성벽을 쌓고 생활한다는 설정인데, 성벽 바깥을 수색하는 '조사병단'이라는 부대 외에는 성벽 밖 출입이 허용되지 않는다.

이 조사병단은 거인과 싸우기 위한 도구인 '입체 기동 장치'를 가지고 있어서 성벽 위까지 뛰어오를 수 있다.

그에 반해 시민 대부분은 성벽 안에서 생활하며 성벽 내부의 세계만 알고 산다. 그래서 성벽 안의 현실이 그들에게는 절대 가치다. 시민들에게는 자기 눈에 비치는 것이 전부고 그것이 정의다. 고정 관념은 그렇게 굳건히 자리 잡는다.

자신이 아는 세계에 절대 가치를 부여하면 '그건 우리 업계에 안 맞아', '그건 우리 회사에 안 맞아', '그건 내게 안 맞아'라는 식으로 자신만의 특수한 상황만을 고수하려는 착각에 빠지게 된다.

조사병단이 입체 기동 장치를 써서 성벽 위에 올라서면 성벽 안도 볼 수 있지만, 성벽 밖에 펼쳐진 광활한 세계도 볼 수 있다.

그리고 지평선과 수평선 너머는 볼 수 없으나 그 너머가 어떤 모습일지를 상상하게 된다.

'저 너머에는 내가 모르는 세계가 있지 않을까? 내가 본 적 없는 사람이나 동물, 경치가 펼쳐져 있지 않을까?'

그렇게 해서 자기 눈에 보이는 세계가 전부가 아님을 알 수 있다. 자신이 아는 세상이 몹시 좁으며 어디까지나 '일부'에 지나지 않음을 알게 되는 것이다.

자신이 모르는 세계가 있다는 것을 알면, 누군가가 자기 생각에 반론을 제기했을 때 관용적으로 받아들일 수 있다. 자신이 틀렸을 수 있다고 겸손하게 수용할 수 있다는 것이다.

객관성을 갖춘다는 건 조사병단이 입체 기동 장치를 능숙하게 다루는 것과 비슷하지 않을까 싶다.

자신 있게 자존감을
살리며 사는 법

주변 사람들에게 '무난하다'거나 '열려 있다', '잘 어울린다'는 소리를 듣는 사람들의 공통점은 자신에 대해 자신 있으면서도 내면적으로 단단함을 갖춰 겉으로 보면 실력도 있는데 겸손하기까지 한 사람들이라는 점이다. 이런 사람들은 스스로를 힘들게 하는 완벽주의자나 주변 사람들을 힘들게 하는 무신경주의자와는 비교가 되는 자존감이 센 자기주의자이다. 한마디로 지나친 완벽주의자는 프로이트 식의 슈퍼에고(초자아)가 너무 강한 사람이고, 남에게 멋대로 행동하는 무신경주의자는 수준 낮은 자기중심마인드가 지나친 사람이다. 이런 사람들의 내면을 가만히 들여다보면 두 부류 다 심한 열등감을 숨기기 위한 외면의 가면 같은 성격임을 알 수 있다. 한마디로 그런 자신의 내면을 보이지 않으려고 너무 겉모습을 꾸미다 보니 그런 사람으로 보여지는 것일 뿐이다. 모든 것은 다 적정선을 얼마나 잘 지키느냐에 달려있다.

따라서 이러한 완벽주의나 자기중심주의적 외면의 문제를 벗어나기 위해서는 무엇보다 자신의 자존감 회복이 가장 우선시 돼야 한다. 아시다시피 자존감의 핵심은 끊임없이 '나'의 부족함을 메울 것들을 수용하는 마음자세이다. 여기엔 자신의 장단점을 다 인정하고, 있는 그대로의 나를 잘 수용할 수 있는 마음자세로 끊임없이 외부의 영향을 받아들이는 마인드가 필요하다. 그렇게 자신감의 원천이 되는 자존감을 한껏 높인 다음에는 자신만의 잠재력이 무엇인지를 스스로 찾아내 자기성장을 위해 꼭 노력해야 할 것들만을 선택해 열심히 잠재능력을 쌓으면 되는 것이다.

그리고 스스로 생각하기에 잘했으면 그런 자신을 칭찬해주면 된다. 그런 칭찬이 쌓여서 내 마음의 자산(資産)이 된다. 그런 자산이 많을수록 위기의 순간에 이겨내는 힘도 생긴다. 반면에 자신에 대한 지나친 기대나 생각은 스스로를 이기적이고 거만하게 만들어 남을 불쾌하게 한다. 자신에게만 관심이 집중되어 있으면 다른 사람의 감정에 대해서는 배려하지 못하는 것이 당연하다. 다른 사람들이 언제나 자신을 존중해야 한다고 생각하면 그렇지 않은 경우 분노를 느끼기 마련이다. 또한 늘 모든 일을 잘 처리해야 한다고 생각하면 그렇지 않은 경우 자기를 실패자라고 생각할 수밖에 없다. 일을 너무 잘하려고 하다보면 인생을 즐길 수 있는 다른 면을 놓치기 십상이다.

자존감을 살리며 즐겁게 살려면 무엇보다 남의 탓, 환경 탓을 하지 말아야 한다. 주변에서 부모 탓을 자주 하는 친구들은 대개 '내

부모는 내게 이러면 안 되는데 이렇게 했어. 나는 부모 땜에 잘되는 일이 없어.'라는 말을 아무렇지도 않게 내뱉는다. 이런 사람들의 마음에 남는 건 오로지 분노밖에 없다. 세상에 좋은 것도 많고 즐길 것도 많은데 고작 세상을 보는 시각이 분노뿐이라면 얼마나 일상이 고단하고 부정적이겠는가. 그것보다 더 중요한 건 그렇게 분노하고 남 탓만 하는 사이 자신의 소중한 시간들이 그만큼 허투루 사라질 수가 있다는 것이다. 무엇보다 자신이 만족하고 즐거울 수 있는 긍정적인 자존감을 키우기 위해서는 지금 이 순간부터 내게서 벗어나지 못하는 과거의 상처가 무엇인지를 돌아볼 필요가 있다. 내 과거를 바꿀 수는 없겠지만 내 과거를 어떻게 정의내릴지 판단하는 생각은 바꿀 수 있다. 자존감을 갖고 '성숙하게' 세상을 살아가려면 어린 시절의 안 좋았던 경험이나 살면서 나를 괴롭혔던 부정적인 사건으로부터 자유로워져야 한다. 또한 자신의 감정을 스스로 상하게 만든 적은 없는지 돌아볼 필요가 있다. 내가 유난히 어떤 것에 비참함을 한번 느끼면 아주 쉽게 자기를 비참하게 만드는지를 스스로 돌아보아야 한다. 그래야 나를 비참하고 우울하고 불안하게 만드는 것이 어떤 감정들인지를 알 수 있는 것이다. 자신을 비극의 주인공으로 만들 필요는 없는 것이다.

자신의 부정적인 경험이나 감정을 잘 알아채고 난 다음엔 내 인생은 궁극적으로 이러이러하게 펼쳐 가겠다고 자신의 의지와 느낌을 자신의 인생의 설계도에 충분히 그려넣는 과정이 꼭 필요하다.

나아가 내 인생은 궁극적으로 내가 선택한 인생이라는 점을 받아들이고 잘된 것이든 잘못된 것이든 모든 책임은 자신이 지고자 노력해야 한다. 그런 노력이 일상에서 하나둘 더해지면 자신과의 관계나 타인과의 관계 모두 긍정적이고 신뢰감 있는 일상으로 바뀌게 된다.

토론식 사고로 자기 의견을 반박해
반론에 이론적으로 무장하라

고정관념에 얽매이지 않고 많은 사람이 받아들일 수 있는 판단을 할 방법이 있다. 자신의 최초 아이디어에 만족하지 말고 '최초 주장과 반대되는 주의, 주장을 대립시켜 스스로 이론적으로 갈고 다듬어 보는 연습'을 하는 것이다. 이렇게 하면 그 어떤 비판도 견뎌낼 수 있는 반론의 근거를 가질 수 있다.

가령 '세상에 나만큼 열려 있는 사람은 별로 없어'라는 생각에서 발전해 '요즘 세상에 얼마나 오픈된 사람이 많은데, 50이 넘은 나는 알게 모르게 꼰대처럼 말하고 행동하는 게 많을 거야' 하는 식으로 자신의 생각이 틀렸을 수도 있다는 반론을 해보는 것이다. 아니면 '사람만이 만물의 영장이지. 그래서 지구에선 사람이 모든 것을 지배할 수 있어'라는 생각을 '지구에는 수많은 생명체들이 모여서 조화롭게 사는 거야. 그러니 사람만이 유일하게 지구를 지배할 수 있는 생명체라고 주장하는 건 인간만의 착각에 불과하지'라고 생각하는 것이다.

이 방법을 권하는 이유는 자신과 다른 가치관, 다른 관점에서 생각했을 때, 자기 생각보다 더 적절한 판단을 할 가능성을 발견할 수 있기 때문이다. 새로운 판단이 정말 더 적절하다면 최초의 자기 판단을 수정하면 된다.

그래서 필자는 단번에 '이렇게 하면 좋겠다'라는 생각이 들더라도 최초의 자기 의견에 반박하는 또 하나의 자신을 만들어서 대립시켜 보라고 권한다.

장단점을
모두 파악하라

유대인들은 '만장일치 안은 채택해서는 안 된다'라고 가르친다고 한다. 각자의 독창적인 생각이 개진되면 더 다양한 의견이 나올 것이고 그래야 더 적절한 의사결정이 이루어진다는 생각에서 그런 교육을 시켰을 것이다.

서양에서는 조직의 의사결정 과정에 '악마의 대변인'이라는 선의의 비판자가 등장한다. 이들은 일부러 비판과 반론을 제기해 더 깊이 있는 토론을 끌어냄으로써 정당성을 보강하도록 유도하는 역할을 한다.

이처럼 자신이 어느 쪽 입장이든 상관없이 어떤 사안을 검토할 때는 찬성과 반대 양쪽의 관점(Pros and Cons)*에서 논쟁하듯 사안을 비교하는 것이 좋다.

대상의 장점(Pros)과 단점(Cons)을 모두 추출해서 비교하는 '1인 토

* 'Pros and Cons'는 하나의 고정된 표현으로 '찬반양론', '유불리', '장단점'의 뜻으로 쓰인다. 'for and against'라는 의미의 라틴어 'pro et contra'에서 유래한 것이다.

론'이라는 방식을 적용하라는 말이다.

'1인 토론'의 방식은 이렇다. 가령 '원전은 폐지해야 하는가?'라는 논점에 대해 자신은 찬성하더라도 반대하는 입장의 논리까지 펴면서 혼자 토론을 펼친다. 이 토론에서는 대립하는 의견을 내더라도 상대 의견을 논파하는 것이 아니라 어느 쪽 의견이 더 설득력 있게, 수긍할 수 있는 주장을 펼치는지를 놓고 경쟁한다.

이는 어떤 의미에서는 당연한 일이다. 누구나 자신을 긍정하고 싶어 하며 자신이 부정당하는 것을 불쾌하게 여기기 때문이다.

무주택자였던 사람이 집을 사고 나서 '집은 하나 있어야 한다'라는 의견에 찬성하면서 예전에 자신이 견지했던 '집을 사는 것은 어리석다'라는 의견에 언제 그랬냐는 듯이 반대하는 사례가 대표적이라고 할 수 있다.

하지만 이 같은 반응은 단순한 감정에 불과하며 논리로는 빈약하다. 왜냐하면 논리적으로 따지고 들어 판단한 사람은 자신과 다른 의견을 접해도 '나와는 생각이 다른 사람'이라고 볼 뿐 크게 신경 쓰지 않기 때문이다.

애당초 자신은 수긍하고 결정했으니 타인의 의견은 타인의 것이고, 자신과는 다를 뿐이라는 관점이 필요하다.

필자에게도 인터넷에서 시비를 거는 사람이 있고, SNS에 '당신 이야기는 이상해'라고 트집 잡는 메시지도 종종 온다. 대부분은 명확한 근거 없이 그저 비난하는 내용이다. 그 점이 훤히 보이기에 필자는 악플을 봐도 상처받지 않는다.

단순히 나와 다르다는 점 때문에 반발하면 새로운 의견을 수용할 수 없다. 그런 행위는 자신의 고정관념에 고정관념을 덧칠할 뿐, 합리적인 의사결정으로 이어지지 않는다.

현재의 자신은 과거의 자신이 했던 판단의 결과로 만들어졌고, 그것이 만족스럽지 못해서 변화하려는 것인데 또다시 같은 판단을 하려는 것이기 때문이다. 그래서는 인생이 진화할 수 없다.

다만, 누구에게나 지식 부족, 경험 부족으로 인한 인지 편향은 있을 수 있다. 따라서 능숙하지 않은 분야에 관해서는 그 분야의 전문 서적을 읽고 전문가의 이야기를 들어 보강할 필요가 있다.

예를 들어 이직(移職)한 경험이 없는 사람이 이직을 고려할 때는 '이직해서 성공한 이야기'와 '이직해서 실패한 이야기'를 모두 듣고 성공한 원인과 실패한 원인을 찾아야 한다.

또 집을 사야 할지 말아야 할지 고민이라면 '집을 사라'고 권하는 이의 책과 '집을 사지 말라'고 말리는 이의 책을 다 읽고 나서 자기 가치관에 비추어 판단해 보는 것이 좋다.

이 작업을 혼자 힘으로 자유자재로 할 수 있게 되면 아무리 강력한 이론, 반론이 제기되더라도 흔들림 없이 자신감 있게 판단하고 결과를 받아들이게 된다.

내 집을 사기로
마음을 바꾼 이유

집 얘기가 나온 김에 개인사를 잠깐 언급하자면, 평생 세를 살겠다고 생각하던 필자도 내 집을 지었다.

나는 '자유'가 최우선인 사람이라 세를 사는 게 편하고 좋다고 생각했다. 수입과 직업, 가족 구성 등 라이프 스타일의 변화에 유연하게 대응할 수 있다고 생각했기 때문이다.

또 집의 자산 가치 하락이나 수리 문제, 자연재해로 인한 손상 따위도 걱정할 필요 없고, 불편하다 싶으면 언제든지 이사하면 되니까 '자유'로운 내 인생에도 안성맞춤인 주거형태였다. 형편에 따라 자유롭게 옮겨 다니며 살면 자유를 향해 한 걸음 더 가깝게 다가갈 수 있으니 임대가 좋다고 확신하고 살았다.

그러다가 아이가 태어나면서 생각이 바뀌었다.

아이가 어릴 때만이라도 함께 산책하고, 공놀이하고, 산과 강을 접하며 자연 속에서 다양한 자극을 주고 싶었기 때문이다.

그런데 당시 도심의 아파트는 우리 부부의 직장 생활에는 편리했지만, 공원이 적고 교통량이 많아 아이에게 위험했다. 함께 놀기에도, 자연을 접하기에도, 입지적인 한계가 분명했던 것이다.

또 아이가 둘로 늘어난 뒤에는 도시에서 넓은 아파트를 찾았더니 집세가 몹시 비쌌다.

월 15만 엔의 집세를 내고 10년간 계속 살면 15만 엔×120개월 = 1천8백만 엔. 2년마다 갱신료와 화재 보험료를 추가하면 약 2천만 엔. 이는 모조리 지출되는 비용으로 한 푼도 내 손에 남지 않는 돈이었다. 아까웠다.

분양 아파트를 살 생각도 했지만, 여러모로 제약이 많았다. 우선 관리조합이 귀찮았다. 여러 사람이 온갖 의견을 내니 공용설비 수리나 장래 재건축 같은 문제를 놓고 합의에 도달하는데 난항을 겪을 가능성이 있었다. 조합의 허가 없이는 마음대로 리모델링을 할 수 없는 곳도 있었다. 자기 집인데도 불가능하다는 것이었다.

역시 직접 모든 것을 결정할 수 있다는 의미에서는 단독주택이 좋았다.

그렇지만 단독주택은 갚을 돈이 대출금이라는 명목만 다를 뿐 집세를 내는 것과 별반 다를 게 없어 보였다. 35년 장기 융자를 낸다는 것도 리스크라면 리스크였다.

게다가 일반 목조 단독주택은 시간이 지날수록 자산가치가 떨어지기만 하니 융자금을 다 갚은 뒤에 남는 가치는 거의 토지뿐이다. 그래서는 이익을 볼 수 없다는 계산이 나왔다.

그뿐만 아니라 도중에 임대 또는 매매할 상황이 왔을 때, 남은 융자 상환액보다 높은 금액에 임대하거나 매매하면 수익이 되지만, 그 반대의 경우라면 손해만 볼 게 뻔했다.

　그래서 자택 겸 임대용 건물을 짓기로 했다. 다가구 건물을 지어 우리 가족도 그중 한 가구에 사는 방식이다.

　그 결과, 임대 수익으로 융자금을 상환할 수 있었고 그 덕에 생활비에서 주거비가 따로 나가지 않아서 가정경제에 플러스가 되었다. 그러니 만일 우리 가족이 이사해야 하는 상황이 생겨도 우리 집을 임대하면 임대 수익은 더 늘어나는 구조다. 애초에 생활비에서 나가는 상환금 부담을 없앴으니 파격적인 헐값에 임대해도 우리로서는 남는 장사다.

　또 임대하기 좋은 입지를 선정한 덕에 입주자를 찾기는 그다지 어려운 일이 아니었다.

　살 때는 필요 자금의 거의 전액을 융자받았으므로 투자금이 적었고, 보유 중에도 상환금을 따로 마련하지 않고 있으니 나중에 헐값에 팔아야 하더라도 크게 신경 쓰지 않을 작정이다. 그러니 이 프로젝트는 처음부터 얼마나 자금을 마련할 수 있을지, 얼마에 팔아야 할지 따위를 고민하지 않아도 되는 그야말로 맘 편한 프로젝트였다.

　그렇게 2016년부터 지금까지 자택 겸 임대용 다가구 건물에 살고 있는데, 누구 눈치 볼 일도 없고 돈도 들지 않아 편안하다.

　물론 예상치 못한 단점도 있다. 예를 들어 총공사비가 커지므로 이 프로젝트를 일반화하기에는 각자의 사정에 따라 주택융자를 받을 수 있을지 불투명할 수 있고, 그에 따라 자기 자본이 많이 들어갈 가능성도 있다.

그리고 나중에 매매가 어려울 수도 있다. 왜냐하면 자택 겸 임대용 건물이라는 개념을 이해하는 사람이 적어 매수자가 흔치 않기 때문이다.

이처럼 매사에는 장단점이 공존한다. 장점이나 단점만 있는 단순한 사례는 거의 없다는 관점으로 세상을 봐야 한다. 이런 사고방식은 사물을 객관적으로 보는 토대가 된다.

판단 편향을
이해하라

사람이 늘 객관적이고 적절한 판단만 할 수는 없다.

사람은 누구나 성공이나 실패 같은 자기 경험의 영향은 물론이고 자신이 속한 집단의 가치관에도 영향을 받는다.

그로 말미암아 편향(편견)이 생기는데, 편향은 때로 좋은 결과를 낳기도 하고 나쁜 결과를 낳기도 한다.

그래서 그중에서도 특히 나쁜 결과를 초래하는 편향에 지배당하지 않도록 자신이 어떤 편향에 노출되어 있는지, 어떤 상황에서 편향을 드러내기 쉬운지 알아두면 자신에게 더 객관화한 판단을 할 수 있다.

판단 편향에는 대략 다음과 같은 것들이 있다.

- 나는 ~~~에는 누구보다 잘하는 경향이 있다.
- 남자는 ~~~한 것에는 강한데 ~~~한 데에는 약하다.
- 여자는 ~~~한 것에는 우수한데 ~~~한 데에는 떨어진다.

- 청년은 새롭고 창의적인 사고에 강점이 있다.
- 노인은 세상에 대한 이해가 깊고 매사에 신중하게 처신한다.
- 서양은 앞선 문명을 가졌고, 동양은 서양보다 못한 문명에서 살았다.
- 시골 출신은 ~~~하고 도시 출신은 ~~~하다.

예를 들어 누구나가 빠지기 쉬운 것이 '내가 틀리지 않았다'고 고집하는 자기 합리화다.

물론 자신을 긍정하고 자신감을 얻는 데 어느 정도 필요한 마인드이기는 하지만, 자기 의견이 부정당했을 때 발끈하거나 타인의 생각을 부정하는 속 좁은 모습으로 이어진다면 결국 자기 손해다.

그러니 타인의 의견은 (자신에게 피해가 미치지 않는 한) 존중하고 만약 자신에게 비판적인 의견이 있다면 그것은 자기 생각을 보강하는 점검 재료로 삼는 게 좋다.

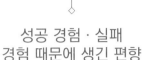

성공 경험 · 실패
경험 때문에 생긴 편향

'이 방법으로 성공했으니까', '이러다가 실패했으니까'라는 경험은 이후의 판단에 큰 영향을 준다.

물론 이것도 '교훈'이라는 의미에서 판단력의 바탕을 이루는 요소이기는 하지만, 이 역시 '집착'하다가 다른 생각을 받아들일 수 없게되면 단점이 될 수 있다.

특히 리스크를 과대평가하면 행동을 주저하게 되고, 반대로 리스크를 과소평가하면 무모한 도박이 될 수 있다.

애초에 성공과 실패는 자기 혼자 잘하거나 잘못해서 나온 결과가아니다. 시대와 환경, 관련된 사람 등의 영향을 받는다.

그리고 그마저도 성공이나 실패를 경험한 과거와는 상황이 완전히 달라진 경우가 많으므로 늘 같은 방법으로 성공과 실패가 보장된다고 단정할 수도 없다.

그래서 자신이 '어떤 환경 · 조건에서 성공 또는 실패라는 결과를얻었는지' 자기 판단과 행동 외에 '과거의 상황'도 함께 분석해야 한다.

현실 도피

사람은 누구나 자기가 보고 싶은 것만 눈에 보이고, 듣고 싶은 것만 귀에 들리는 법이다. '아파트 사려고 마음먹고 나니까 전에는 보이지 않던 아파트 광고만 눈에 들어오더라' 하는 이야기는 자주 들어봤을 것이다.

그러나 반대로 자신에게 불리한 정보는 보이지도 않고 들리지도 않는다. 더 나아가 현실을 부정하고 생각을 멈추는 탓에 리스크가 눈앞에 닥쳐오는 데도 알아차리지 못하는 경우가 빈번하다. 이 같은 현실 도피 심리에 의식적으로 주의를 기울여야 한다.

자신에게 불리한 내용이라도 현실을 부정하지 않고 수용할 수 있다면 자신과 다른 의견, 주의, 주장을 관용적으로 받아들일 수 있는 지적 수준을 갖추었다고 할 수 있다. 따라서 원치 않는 정보라 하더라도 보기 싫어하거나 짜증 내지 말고 '더 잘 대비하고, 예상 범위 밖의 사항을 예상 범위 안으로 끌어들이고, 판단의 근거를 한층 강화하는 데 필요하다'는 정도로 인식해야 할 것이다.

동조압력

    합리성을 훼손하는 요인 중 하나로 주위의 동조압력을 들 수 있다. '모두가 그렇게 하니까 나도 그렇게 한다', '모두가 하지 않으니까 나도 하지 않는다', 또는 '나 혼자만 다르게 하기는 망설여진다'라는 판단이 다 동조압력이다.

    이른바 '눈치 보기'와 비슷하다. 집단의 보조를 흐트러뜨리지 않고, 전체의 뜻에 어긋나지 않는 판단을 강요당한 경험이 있는 사람은 누구나 공감할 말이다.

    2021년 한국의 한 물류센터에서 작업 중에 화재경보기가 울렸다. 작업원 중 일부는 피신해야 한다고 생각했지만, 주위 사람들은 아무도 당황하지 않고 작업을 계속했다. 피신할지 말지 고민하던 사람들도 주저하던 끝에 시기를 놓쳤고, 결국 화재가 크게 번져 많은 사람이 사망했다. '정상성 편향'이라 불리는 현상으로 이것도 동조압력의 하나라 할 수 있다.

    위 사례에서 판단이 흐려진 이유는 '창피하다'라거나 '주위 사람들이 뭐라고 생각할까?', '다들 그냥 있는 걸 보면 괜찮은 건가?' 등 남의 눈을 의식한 감정이 작동했기 때문이다. 이 같은 편향에서 벗어나려면 '자신에게 유리한지 불리한지'를 따지면 된다.

유, 불리가 없는 경우라면 군이 고집을 세우면서까지 주위에 저항할 필요는 없다. 나에게 실질적인 피해가 없다면 동조압력에 따른다고 문제가 생기는 것은 아니다.

하지만 자신에게 명백한 피해, 단점, 부담이 생기고 그것을 받아들일 때 손해가 크다고 예측한다면 자기 판단을 우선시해야 한다. 말처럼 쉬운 일은 아니지만 말이다.

인식 조작

인식 조작을 이용한 구매 유도는 기업 마케팅에서 자주 볼 수 있다. '한정', '특판', '베스트셀러 순위' 같은 문구가 바로 그 예다.

TV 홈쇼핑에서도 '이것까지 덤으로 드릴게요'라든지 '첫 회 구매 한정으로'라는 세일즈 토크를 자주 들을 수 있다. 이런 마케팅 기법에 혹해서 지갑을 열었다면, 기업의 인식 조작에 넘어간 것이다.

이때도 기업 입장에 서서 '이것은 소비자의 어떤 심리를 노린 마케팅일까?'라고 곰곰이 짚어보는 것이 좋다.

자신이 빠지기 쉬운
편향을 알아두자

앞에서 설명한 바와 같이 그 누구도 모든 편향에서 완벽히 자유로울 수는 없다. 하지만 자신이 빠지기 쉬운 편향을 자각하고 있으면 인지나 판단의 왜곡을 줄일 수는 있다.

가령 '나는 꼭 방심하다가 주위 의견에 맞추게 된다'든지 쇼핑할 때 '할인', '한정', '인기 순위'라는 말에 약하다든지 하는 자신만의 편향 경향이 있는 것이다.

이런 경향을 자각하고 있으면 순간적으로 나타나는 습관적인 편향을 고칠 수 있다. 그래서 과거의 판단 경향을 돌이켜보고 어떤 영향을 받아왔는지 분석해 보라는 것이다.

예를 들어 취업 준비를 할 때도 동기가 지원했으니까 나도 해본다거나, 딴 사람이 가진 물건을 보고 부러워서 나도 샀다거나, 좋아하는 기업이 내놓는 신상품은 무조건 산다는 사람도 있다.

필자의 지인 중에는 애플사의 열렬한 팬이 있는데 신제품이 나오면 매번 갈아탄다. 또 이웃 중에는 혼다에서 신차가 나올 때마다 새

차로 교체하는 집도 있다.

반대로 '모두가 오른쪽으로 가니까 나는 왼쪽으로 가겠다'라고 청개구리식 판단을 하는 사람도 있을 것이다.

이런 판단은 좋고 나쁘고의 문제가 아니다. 자신이 영향을 받기 쉬운 편향이 무엇인지 알면 같은 결론을 냈다고 해도 결과가 다르다. '나도 모르는 사이에 결론이 난' 것과 '알고 있으면서도 그런 결론을 내린' 것은 나중에 그 결과를 받아들일 수 있느냐 없느냐 하는 점에서 큰 차이가 나니까 말이다.

필자는 앞서 나왔던 '합리화' 외에 '확증 편향'과 '생존자 편향'으로 사물을 파악하는 경향이 강하다는 사실을 자각하고 있다. 확증 편향이란, 자기 생각과 부합하고 그 생각을 강화하는 정보만 주목하고 모으는 경향이다. 예를 들어 음모론(프리메이슨*이 세상을 좌지우지한다거나 9 · 11테러는 미국 정부의 음모라는 등)을 믿는 사람이 그 음모론을 뒷받침하는 정보에만 눈길을 주면서 자신의 주의, 주장을 더욱 견고하게 다지는 식이다.

그러다 보면 음모론에 대한 반대 의견에는 눈을 감거나 감정적으로 반발하는 비합리적인 판단 기준이 생긴다.

물론 이는 극단적인 예지만, 누구나 많든 적든 이러한 확증 편향은 가지고 있다. 다만, 이를 줄이기 위해서는 앞서 언급한 장단점

* 18세기 초 영국에서 시작된 단체로 회원 간 우호를 목적으로 하며, 주요 활동은 자선 사업이다.

분석, 1인 토론 등이 효과적이다.

필자가 부동산과 가상화폐에 투자하고 있으니 아무래도 그 분야에 관해서는 긍정적인 측면에 더 많은 점수를 준다고 하면 이해가 쉬울 것이다. 나에게 유리한 정보만 주목해서 모았다가 그런 정보만 많이 제공하는 경향이 생길 수 있으니까 말이다.

그래서 의식적으로 세미나 등에서는 리스크에 관해서도 같이 언급하려고 노력한다.

생존자 편향이란, '내가 할 수 있으니까 다른 사람도 할 수 있을 것이다', '내가 성공한 방법이니 다른 사람도 같은 방법으로 잘할 수 있을 것이다'라는 편견이다.

이런 편향에는 보통 '재현성 없는 조언', '한 줌밖에 안 되는 자기 경험의 일반화'라는 비판이 따른다.

그래서 필자는 책이나 칼럼을 쓸 때 가능한 한 '나의 지식과 경험은 전부가 아니다', '나를 기준으로 삼아 남에게 강요하지 않는다'라는 점을 늘 명심하며 논지를 편다.

그리고 '독자는 ○○ 해야 한다', '독자는 ○○ 해서는 안 된다'라는 강요에 가까운 표현을 피하고 '나는 이렇게 생각하지만, 그것은 내 생각이다. 당신은 어떻게 생각하느냐?'라는 자세를 취하려 한다. 그 자세를 완벽하게 유지한다고 자신할 수는 없지만 말이다.

행복을 그리는 힘은
'추상적 사고력'

추상화한다는 것은 여러 개별 사안이나 개개의 경험을 '특징이 같은 것끼리 묶어서' 분류한 뒤 '비슷한 경향을 추출'한다는 것, 그러니까 패턴화, 법칙화한다는 뜻이다.

이 능력 덕에 우리는 하나만 보고도 많은 것을 배울 수 있다. 그야말로 '하나를 들으면 열을 아는' 경지를 경험할 수 있는 것이다. 인간은 추상화를 통해 개별 사안을 지적 체계로 정리하는 데 성공했고 이는 계승 가능한 지적 재산이 되었다.

그리고 개인도 이 능력 덕에 개별 소수의 경험에서 법칙을 찾아내 '아, 이 사람은 이렇게 대하는 게 좋겠다'라거나 '이건 내 일에 응용할 수 있겠다' 하는 활용방법을 터득해 대응해 나갈 수 있는 것이다.

이는 지식 체계뿐 아니라 일을 할 때도 마찬가지다.

예를 들어 추상화 능력이 높으면 일을 하면서 얻은 지식, 정보, 경험을 조합해 성공의 법칙을 도출할 수 있다.

그렇게 얻은 법칙을 실행에 옮기려면 철저한 구체화 능력이 있어야 한다. 비즈니스 모델은 추상적이지만, 실행 계획은 그야말로 구체적이어야 한다.

창업가나 경영자는 큰 그림(전략)을 그리고 그것을 실무진에게 지시한다. 그리고 현장 직원은 그 내용을 실천한다. 이처럼 성공한 사람은 구체와 추상을 오가며 적용하는 능력이 높고, 평범한 사람은 대부분 구체의 세계에서만 살아간다.

그래서 평범한 사람은 구체적인 지시를 받지 않으면 움직이지 못하므로 가령 '이거 너한테 맡길 테니까 알아서 해'라고 하면 혼란스러워하지만, 성공하는 사람은 자신만의 방식으로 흔쾌히 그 일을 해낸다.

이런 업무의 완성도 차이 때문에 대다수의 직원들은 월급을 받고 일하고, 압도적 소수가 자기 회사를 세우는 것이다. 이제 '구체와 추상을 왕복하는 것'이 얼마나 중요한지 이해했으리라 생각한다(물론 월급을 받고 일하면서도 추상적 사고력이 높은 사람도 많다).

구체의 세계에서는
추상의 세계가 보이지 않는다

필자는 부유층의 습관에 관해 책과 칼럼을 집필할 기회가 많다. 예컨대 '부유층은 스마트폰 요금을 아끼려고 저가 심 카드로 교체해서 쓴다'라고 하면 흔히 '부유층이 무슨 그런 짓을 하느냐?', '말도 안 된다. 내가 아는 사람은 이렇다', '거짓말 마라', '데이터로 증명해라' 등 온갖 말들이 따라붙는다. 이는 추상화 능력이 낮은 사람, 구체의 세계에 사는 사람의 사고방식이다.

'부유층의…'이라는 이야기는 몇 가지 현상을 추상화해서 표현한 것인데 일반인들은 그럴 리 없다며 필자의 주장을 믿으려 하지 않는다. 이들의 이런 태도는 자신이 아는 부유층의 이미지와 달라서 부정하거나, 데이터가 없어서 믿을 수 없다는 식으로 일반화하기 때문이다. 한마디로 이런 사람은 추상화의 개념을 이해하지 못하는 것이다.

호소야 이사오(細谷功) 씨의 저서 《구체와 추상》(국내에 출간되지 않은 책 -역자 주)에 따르면, 이 '구체와 추상'에는 한쪽에서는 보이는데 반대쪽에서는 보이지 않는 원웨이 윈도와 비슷한 특징이 있다고 한다. 추상화 사고 능력이 높은 사람은 구체의 세계도 볼 수 있지만, 추상화 능력이 낮은 사람, 즉 구체의 세계에만 머물러 사는 사람은 추상화한 세계를 볼 수 없다는 것이다.

쉽게 말하면 '유령이 보이는 사람과 보이지 않는 사람의 차이'다.

보이는 사람은 현실 세계와 영적 세계를 다 볼 수 있다. 그런데 보이지 않는 사람은 현실 세계만 본다. 그러니까 보이는 사람이 '저기 있어!'라고 해도 '무슨 소리야? 바보 아니야?'라는 소리를 듣게 되는 것이다.

구체의 세계에 사는 사람이 '설명을 들어도 모르겠다'라고 하는 말은 곧 '유령을 보는 법을 알려달라'는 말이나 마찬가지다. 억지 주문이다. 그래서 구체의 세계에 사는 사람에게 "그러니까 부유층 사람들은 잘 헤아려서 자신에게 가장 잘 맞는 요금제를 선택한단 말입니다. 따지는 것을 귀찮게 여기지 않는 습관이 있다는 걸 설명한 거예요."라고 아무리 보충 설명을 해줘도 '무슨 말인지 모르겠다', '궤변이다', '그런 말이 아닌데' 같은 뒷말이 무성하게 달린다.

구체의 세계에서만 살아가는 사람은 추상적인 이야기를 '이해할 수 없기'에 그 어떤 설명을 덧붙여도 이해하지 못한다. 그래서 논의가 앞으로 나아가지 못한다. 아니, 논의가 이루어질 수 없다.

물론 정도의 차이는 있다. 그런데 그 차이가 큰 경우 '사는 세계가 다르다'고 봐야 한다.

추상화 능력과
행복의 관계

추상화 능력, 구체와 추상을 왕복하는 힘은 곧 행복으로 직결된다. 사람은 원래 '이렇게 살겠다'라는 상당히 추상적인 삶의 방향성을 가지고 산다. 그리고 그 방향성 위에서 '그러려면 이 분야에서 능력을 발휘하자', '그러려면 이런 직업을 가지자', '그러려면 이 업무를 제대로 수행하자'라는 구체적인 수행 과제를 정하게 된다.

상위 개념의 '삶의 방향성'이 있으면 자기 자신이 받아들일 수 있는 직업에서 받아들일 수 있는 성과를 내는 한, 자신이 원하는 방향대로 살기 때문에 타인의 평가에 휘둘릴 일이 없다.

그러나 자신만의 인생의 상위 개념이 없는 사람은 자신이 어디로 가고 있는지, 어디에 서 있는지조차 제대로 가늠하지 못한다. 따라서 자기 삶을 긍정적으로 받아들일 지표가 없이 타인이나 주변 상황에 휘둘리는 것이다. 그래서 당장 주목받지 못한다는 느낌만 들어도 '사람들이 나를 인정하지 않는다', '이렇게 노력하는데도 칭찬해 주지 않는다'는 등 불만을 토로하게 된다.

자신의 멋짐에
집중하라

    사람들은 긍정적인 희망보다 부정적인 비관에 더 익숙해 있다. 물론 세상이 원하는 대로 희망찬 애드벌룬 같은 무지갯빛 일상만 보여주면 좋겠지만 유감스럽게도 우리가 사는 세상엔 '그래 이거야' 하는 긍정보다 '왠지 불안한데' 하는 부정적인 예상이 더 잘 맞는 것 같아 사람들은 세상일에 웬만해선 긍정적인 시선을 잘 보내지 않는다. 그러다보니 세상을 긍정하고 잘 될 것만 같은 예감을 가지고 자신만만하게 살아가는 사람이 의외로 눈에 띄지 않는다. 이런 세상 사람들의 이치를 반영하듯 그만큼 희망이나 성공을 향해 정진하는 사람이 별로 없는 것도 사람들의 이런 태도 때문이 아니겠는가.

    오늘 이 시간부터 긍정적이고 희망에 부푼 일상을 살겠다고 결단하는 순간이 바로 몇 안 되는 성공하는 사람으로 가는 좁은 길일 수 있다. 긍정적이고 희망에 찬 일상을 살겠다고 결심이 섰다면 가장 먼저 할 일은 자신이 그렇게 싫어하는 자신의 결점을 별거 아니게 치부해 버리는 마인드를 가져야 한다. '내가 이것만 없으면 더 좋아질 수 있었는데, 늘 이 점이 내 발목을 잡는다'는 식의 사고를 오늘부터 '내가 이런 면도 있지만 이러저러한 장점도 있어서 살 만 하잖나'로 사고의 전환을 하는 것이다. 결점에 초점을 맞추면 계속해서 결점만 보이게 되고, 마침내는 그 결점이 당신의 인생 전체를 부정적인 방향으로 이끌고 말 것이다. 그런 마인드보다는 내 장점에 최대한 초점을 맞추며 산다면 있는 그대로의 깊고도 완벽한 자신을 만나게 될 것이다. 그때 내 하루하루는 예전과는 다른 '나의 멋진 구석'이 하나둘 눈에 비쳐지기 시작할 것이다.

그렇게 오늘 이 시간부터 '지금 나는 아직 부족해', '이대로의 나는 안 돼', '난 이런 걸 더 원해'의 삶보다 조금 부족하고 어색하고 모자란 점이 있어도 자신이 얼마나 멋진 존재인지 작은 것 하나라도 찾아서 거기서 새로운 나의 가능성에 눈 뜨도록 하자.

나의 작지만 괜찮은 장점을 찾기 위한 지혜로운 인생 법칙으로 'SCE의 법칙'이 있다. STOP, CONTROL, ESCAPE. 멈추고 조절하고 벗어나라의 법칙. 이 법칙은 지나치게 부정적인 생각들이 나를 괴롭힐 때 먼저 그 생각을 멈추고, 내가 나를 조절할 수 있다고 생각하고, 그다음에는 과감히 거기서 벗어나도록 노력하는 자세를 말한다.

셰익스피어는 "이 세상에는 전적으로 좋거나 나쁜 일은 없다. 사람들의 생각이 그런 기우를 만드는 것뿐이다."라고 했다. 너무 공감이 가는 말이다. 좋든 나쁘든 그렇게 생각하는 사람들이 문제인 것이다. 우리가 갖고 있는 나쁜 생각 중에 '나는 이 시험에 붙지 못하면 내가 진짜 원하는 것을 얻지 못해'라고 생각하는 경우가 참 많다. 물론 인생은 시험의 연속이기도 하고, 어떤 경우에는 그 시험이 그 사람의 인생을 긍정적인 국면으로 바꾸는 상황도 분명 있다. 하지만 대부분의 시험은 떨어져도 다시 볼 수 있는 것이고, 시험에 떨어진다고 해서 내 인생이 불행해지는 것도 아니다. 그런 생각보다는 '나는 시험에 붙어야 해. 하지만 실패해도 다시 볼 수가 있겠지, 뭐 계속 떨어지면 다른 방법으로 행복할 수 있는 인생을 찾아보지 뭐' 정도로 생각하며 한 번의 실패가 자신의 인생 모든 것을 잘못되게 하리라는 과오는 범하지 말자는 것이다. 물론 자신의 인생에서 'SCE의 법칙'이 처음부터 척척 잘 맞아떨어질 리는 없다. 세상 모든 일이 다 그렇듯이 꾸준히 반복해서 훈련하는 수밖에는 없다. 언젠가 마크 트웨인이 말한 "담배를 끊는다고 말하긴 쉬워, 난 그런 말은 천 번도 더 했어."라는 말이 떠오른다. 그런데 금연보다 더 어려운 게 무얼까. 그건 바로 자신을 바꾸겠다는 내면의 각오를 다지는 일이다. 뭐 각오를 다지는 게 어렵다는 말이지 그렇게 해야만 자신의 인생이 긍정적이고 행복해진다는 건 아니다. 그렇게 열심히 훈련하다가도 잘 안 되면 또 만만하게 다른 작은 결심을 하는 것이다. 여기서 중요한 것은 나의 작은 장점을 찾아내 그것을 부단히 살리도록 노력하는 데 있다. 무엇보다 나의 작지만 괜찮은 장점을 찾기 위해선 All or Nothing보다는 One of Them의 마인드가 필요하다. 예를 들어 '나를 아는 사람들은 항상 나를 좋아하고 따라야만 해. 그렇지 않으면 그들은 내 친구가 아냐'보다는 '사람들은 어떤 땐, 나를 싫어할 수도 있어'라고 융통성 있게 생각하라는 것이다. 이쪽이 아무래도 화가 덜 난다는 사실을 경험하는 것으로도 충분히 나의 만족한 인생 쌓기에 도움이 될 것이다.

'SCE의 법칙' 역시 그런 생각으로 노력해나가다 보면 어느 순간 건강한 까칠함을 실천하고 있는 자신과 만날 수 있을 것이다.

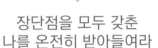

장단점을 모두 갖춘
나를 온전히 받아들여라

나는 있는 그대로의 나이다. 나는 나로서 이 세상에 태어났다. 앞으로도 나는 쭉 나로서 살지, 다른 사람으로 바뀔 일은 없을 것이다.

인생은 여전히 선택의 연속인 삶이다. 이처럼 순간순간 선택의 기로에 서서 더 나다운, 더 좋은 선택을 해야 할 나이기에 무엇보다 어떤 자세로 순간의 선택을 받아들일까 하는 나만의 궁극적인 마인드를 가질 필요가 있다. 이때 선택할 마인드는 주로 두 가지가 있다. 첫째는 '있는 그대로의 나'에게 저항하며, 내 결점에 초점을 맞춰 완벽하게 될 때까지 부족함을 채우려 끝없이 노력하는 삶이 있다. 둘째는 나에게 있는 장단점을 모두 인정해 온전히 '있는 그대로의 나'를 받아들이고, 그래도 나에게 멋진 면을 더 부각해 내 모습에 만족하며 사소한 성취에도 기쁨을 느끼며 사는 삶이 있다.

만약 두 번째 인생을 선택한다면 당신은 그 순간부터 어깨의 짐을 내려놓은 듯한 시원함을 느끼게 될 것이다. 이런 삶에선 타인의 기대나 필사적인 인정욕구를 따라가는 욕망충족형 나를 애써 만들

필요가 없다. 그보다는 성취와 기대 대신 오로지 내가 하고 싶고 즐기고 싶어서 행복할 수 있는 작은 도전과 사소한 만족이 뒤따를 것이다. 그 삶은 자신이 하고 싶은 일에만 기쁨과 열정을 가지고 도전할 수 있는, 충만하고 나다운 인생일 것이다.

나는 절대 바뀌지 않는다. 아니 바뀔 필요도 없다. 왜냐하면 이미 나는 그 자체로서 온전한 존재이기 때문이다. 내가 나 자신을 버리고 다른 사람으로 될 일은 없어야 한다. 오로지 내 인생의 책임자로서 내 의지로 선택한 일들을 통해 내 인생을 충만하고 낫게 바꿔갈 수 있다. 나만의 성공과 내 식의 행복에서 멀어지게 만드는 잘못된 신념과 오만한 욕망, 불행한 목표주의에서 결별할 수 있다. 스스로 나에게 부여한 부정적인 이미지와도 결별할 수 있다. 지금 나는 인생의 책임자로서 행복한 인생을 살지, 아니면 나에게 일어나는 부정적인 사건의 피해자로서 늘 쫓기며 고단하게 살 지는 오로지 나만의 결단으로 선택하는 것이다.

'있는 그대로의 나'를 온전히 받아들여서 인생의 책임자로서 사는 길에는 분명 엄청난 기쁨과 열정으로 가득 찬 나만의 인생이 기다리고 있을 것이다.

사물의 가치는
만화경이다

　사물의 가치는 모두 '관점', '입장'에 따라 바뀐다. 예를 들어 '성공'과 '실패'를 양극단으로 보면 그 중간은 '아무것도 하지 않는 것'이다. 아무것도 하지 않으면 실패하지는 않지만, 성공할 수도 없다. 무언가에 도전해야 실패도 있고 성공도 있으니 성공과 실패는 동전의 앞뒤 면이다.

　이 말은 성공하고 싶으면 실패도 피할 수 없으니 필요 이상으로 실패를 두려워해서는 안 된다는 뜻이다.

　또 '좋아하다'와 '싫어하다'를 양극단으로 보면 그 중간은 '어느 쪽도 아니다'지만, 다른 말로 바꾸면 '아무것도 관심이 없다'는 의미가 된다. 누군가가 나를 좋아한다는 말은 누군가로부터는 미움을 받는다는 뜻이기도 한데, 이도 저도 아니라면 그냥 사람들로부터 무시당한다는 뜻이니까 말이다.

　그리고 보면 자신을 싫어하는 사람이 있다는 것은 자신을 좋아하는 사람도 있다는 말이니, 미움받는 것을 두려워할 필요가 없다고 하겠다. 나아가 시대 환경의 차이, 처지의 차이에 따라서도 가치는 달라진다.

가령 자신이 부하 직원일 때는 '상사가 내 뜻을 헤아려주지 않는다'고 불평하다가 막상 자신이 윗사람이 되면 '일일이 다 들어주다가는 수습이 안 된다'고 자신이 못마땅해하던 상사와 똑같이 행동하는 것처럼 말이다.

자신이 고객일 때는 온갖 문제를 제기하다가 자신이 접객하는 입장이 됐을 때는 '트집 좀 그만 잡아라' 하는 생각을 하는 것도 마찬가지다.

그 외에도 전쟁 전에는 군인이 되는 것을 칭송하다가도 전쟁이 끝나고 나면 전범자 취급을 받기도 하듯이 세상일에 절대 불변의 가치란 존재할 수 없음을 알 수 있다.

따라서 자신의 주관에 얽매이지 않고 가능한 한 객관성을 유지하려면 자신이 내리려는 판단의 근거가 '어떤 맥락에서 온 가치관인지'에 대해 차분하게 파악할 필요가 있다.

이를테면 영원히 반복되는 '요즘 젊은 사람들은'이라는 어르신들의 탄식도 대부분은 '자기 세대, 자신들의 가치관이 절대적으로 옳다'는 믿음에서 오는 것이다.

평소에 상대방이 하는 말의 맥락이 무엇인지 이해하려고 노력하면서 자신의 관점도 자유자재로 유연하게 -사방팔방, 하늘, 땅, 지하, 지구 밖 우주, 그리고 과거, 현재, 미래 모든 차원에서- 전환하는 습관을 들여야 한다.

결단과 행동만이
현실을 바꾼다

필자의 강연을 듣던 청중 중에 가끔 "지금의 제 모습이 싫어서 저를 바꾸기 위해 남보다 책도 훨씬 많이 읽고, 유명하다는 분의 강연도 빠지지 않고 들었어요. 그렇게 아무리 노력을 해도 제가 변하지 않는 건 왜 그럴까요?" 하고 답답함을 토로하는 분들이 있다. 그런 분들은 당신도 이미 눈치 챘겠지만 이유는 딱 하나다. '읽고 듣기만 했지' 자신은 변하려고 행동하지 않았기 때문이다.

세상에는 마음속으로 어떤 목표를 달성하겠다고 빈다거나 참고 삼아 책을 읽거나 유명인의 강연만 듣는다고 자신이 바라는 바가 이루어지는 일은 없다. 그건 그냥 남의 의견이고 남의 주장일 뿐이다. 그 자리엔 단 하나도 '내'가 존재하지 않는다.

물론 좋은 책을 읽고 귀감이 될만한 사람들의 강연을 듣는 것도 어떻게 살아야 할지에 대한 하나의 참고나 경향을 확인하는 길일 수는 있다. 여기서 반드시 해야 할 일은 그 책을, 그 강연을 실현할 수 있는 자신만의 결단과 실천의지를 가지고 '행동'해야 한다는 것이다.

진실로 성공하고 싶고 행복한 순간에 다다르고 싶다면 '나는 무엇을 하고 싶은가?', '나는 어떤 인생을 살고 싶은가?', '그렇게 되기 위해 나는 무엇을 하려는 각오가 돼 있는가?'를 자신에게 진지하게 묻고 자신만의 대답과 준비상태를 점검해야 한다. 그 이후엔 당연히 어떤 사람이 되고 싶었는지에 대한 자신만의 해답을 갖고 하나둘 준비하고 실력을 쌓는 과정이 따라주어야 한다. 문제는 어떤 직업인이 되겠다 보다는 어떤 인생을 살고 싶다는 'HOW TO'가 꼭 필요하다는 것이다. '나는 글을 잘 쓰는 사람이 돼서 세상의 모든 곳을 여행다니고 나만의 여행기를 남기겠다거나, 나는 요리를 잘 해서 좋아하는 사람들에게 맛있는 음식을 같이 즐기겠다거나, 나는 말을 능수능란하게 잘 해서 어려운 문제에 닥친 사람에게 훌륭한 코칭을 해주겠다' 같은 나만의 인생 여정을 준비하는 것이다.

　그러고 나서 내가 행복하게 살만한, 하고 싶은 일을 할 수 있는 기회가 찾아온다면 주저하지 말고 즉각 실행에 옮기는 것이다. 행동에 옮길 때 중요한 것은 바로 '결단'하라는 것이다. 주저하다 보면 내가 하고자 하는 일이 어려울 수도 있겠다는 두려운 마음이 주저하는 사이를 비집고 들어오게 된다. 결단하면 마음속으로 강하게 행동할 수 있는 의지가 생긴다. 자신이 어떤 일을 할지를 결정한 사람 중에는 일단 해봐서 잘 될지 안 될지 상태를 보고 결정하자는 사람도 종종 있다. 하지만 그렇게 좋은 인생을 선택해놓고 잘될 지 안 될지를 재보는 건 이미 틀렸다. 행동도 하기 전에 미리 도망갈 구석을 마련해 놓고 행동하는 사람은 그만큼 자기 인생에 변명거리를 많이 만들어 놓는 사람이다. 인생은 변명을 할 수 없다. 자신이 신중하게 고민해서 선택한 좋은 인생이라면 그냥 행동하면 된다. 그래 봐야 실패라는 좋은 인생 경험을 빨리 쌓을 수 있다.

결단을 내렸으면
그대로 해라

자신이 원하는 대로 하루 빨리 뭔가를 행동해 나가기 위해서는 우리가 많이 쓰는 '최선을 다한다', '해본다', '노력한다'는 말은 머리에서 지워버려라.

그렇게 '노력해서 할 수 있는 데까지 최선을 다해보겠다'는 말 속엔 해보다가 안 되면 다른 방법을 시도해 보겠다는 뭔가 도망갈 거리를 만들어놓은 사람의 태도가 보인다.

목표 달성은 남들이 좋게 보는 미사여구를 쓰는 말투에 있지 않다. 그렇게 마음먹었으면 자신이 최선을 다하는 건 이미 기정사실화 시켜 놔야 하는 것이고, 무조건 그 목표를 향해 정진하는 일만 남은 것이다.

'해본다', '최선을 다한다', '노력한다' 같은 애매한 표현을 당신의 생활에서 지워버린다면 당신은 결단을 내리는 사람이 될 수 있다. 결단을 내리는 사람으로 바뀔 수 있다면 틀림없이 더 큰 꿈과 목표를 더 빨리 더 확실하게 실현할 수 있을 것이다.

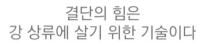

결단의 힘은
강 상류에 살기 위한 기술이다

결단의 힘은 '나답게 살기' 위한 기술인 동시에 '강 상류에 살기' 위한 기술이다.

여기서 말하는 강의 '상류와 하류'에는 다음과 같은 의미가 있다.

첫째, '삶은 강의 상류에서 하류로 흐른다'라는 의미다.

여기서 말하는 '상류'란 '발상의 시작점'이라는 뜻으로서 '자기 삶을 어떻게 펼쳐나갈지에 관한 설계를 포함한 추상적인 전략이 있는 곳'을 말한다. 그리고 '하류'는 '매일 무엇을 할지에 관한 구체적인 행동, 할 일이 쌓인 곳'을 가리킨다.

강 상류에 세워진 추상적인 전략은 '모호'하고 '희미한' 것이 아니라 '큰 방향성'이며 '대국적인 관점'이다.

그러니까 자기 인생에 대한 전망이 있으면(상류에 살면) 올해는 무엇을 해야 하는지, 오늘은 무엇을 해야 하는지가 분명하다(하류로 흘러갈 수 있다). 반대로 그런 설계가 없으면 날마다 해야 하는 일에 쫓기며 하류에서만 살게 되는 것이다.

또 누구나 인생의 우여곡절은 겪지만, 큰 방향성이 분명하면 길을 벗어나거나 돌아가더라도 궤도를 수정할 수 있다.

그렇게 '언제든지 궤도를 수정할 수 있다'고 안심할 수 있어야 끊임없이 도전을 할 수 있고, 다소 실패를 맛보더라도 두려움 없이 몇 번이고 도전할 수 있다.

또 도중에 작은 목표와 목적을 달성하고 통과해야 하는데, 대국적인 관점을 가지고 있으면 그런 작은 목표와 목적도 뚜렷해지고 우선순위도 확실하게 정해진다. 판단 기준도 명확해지므로 적절하고 빠르게 결단을 내릴 수 있다.

한편 인생을 어떻게 펼쳐나갈지에 관한 설계와 큰 방향성이 없으면, 도중의 목표나 목적도 흐리터분해진다. 그리 되면 삶의 기준이 없기에 중요한 결정을 내려야 할 때 망설이거나 그때그때 흘러가는 대로 살게 될 수 있다.

따라서 무엇보다 중요한 것은 자기 삶을 자신이 하고자 하는 대로 설계하는 것이다.

둘째, '삶의 자유도가 높은 쪽이 상류, 자유도가 낮은 쪽이 하류'라는 의미다.

이 이야기는 회사의 업무를 빌려서 경영층의 일을 상류, 현장의 일을 하류로 설명하면 이해가 쉬울 것 같다.

예를 들어 회사의 상류는 발상이 자유롭다. 환경과 조건도 자유롭게 바꿀 수 있다. 하지만 하류의 경우, 환경은 주어지는 것이며 스스로 바꿀 수 있는 것은 세세한 업무 정도밖에 없다.

상류에서는 규칙과 지표가 있어도 없는 거나 다름없지만, 하류의 경우는 규칙과 지표는 모두 반드시 지켜야 하며 그 틀 안에서 일을 해낼 것을 요구받는다.

업무 외 다른 점에서도 마찬가지다. 예컨대 창의성이나 혁신에 대한 기대가 있어서 스스로 흐름을 만드는 쪽은 상류고, 기존의 절차와 전례를 답습하는 등 주위의 규범에 맞추는 쪽은 하류다. 문제를 발견하고 과제를 설정하는 쪽은 상류며, 하류는 그 과제를 받아 해결책을 실행하도록 요구받을 뿐이다.

직장 생활을 하는 일반인의 대부분은 '하류'에 산다고 할 수 있다. 그 이유는 사람들이 추상적인 생각을 어려워하기 때문이다.

그들에게 가정이나 학교, 회사라는 환경은 주어진 것이었고, 그들은 늘 그 안에서 능숙하게 대처하기만을 요구받았다. 그리고 그렇게 사는 동안 자기 삶을 자유롭게 디자인할 수 있는데도 그 사실을 인식하지 못했다.

회사를 옮기려 하면서 '집에서 다니기 쉬운 회사에 원서를 내야지'라고 생각하는 사람이 있다.

그런데 회사를 고를 때는 모름지기 자신이 어떤 경험을 쌓고 싶은지, 그러기 위해서는 어떤 일을 선택해야 하는지, 그 일을 할 수 있는 회사는 어디인지 등 추상에서 구체로 촘촘하게 범위를 좁혀가며 접근해야 올바른 회사 선택인 것이다. 즉 집이 어디고 회사 위치가 어디인지는 그다음 문제라는 말이다.

그런데 추상화 능력이 모자란 탓에 사고가 자유롭지 않아 현재 거주지를 기점으로 삼는다. 그런 발상이 자기 인생의 발전을 저해하고 있다는 사실을 모른 채로 말이다.

이런 사람들은 인간관계에서도 '상극인 사람과는 어떻게 잘 지낼 수 있을까?'라는 하나마나한 고민을 한다. 이것도 추상화의 정도를 높이면 애초에 '상극인 사람과 어울려야 하는 자리를 만들지 않으려면 어떻게 해야 할까?'라는 생각을 할 텐데 거기까지 생각이 미치지 않는 것이다.

하기야 관점을 끌어올리지 못했으니 하류의 경지만 보는 것이리라. 이처럼 사소한 것부터 큰 것까지 인생의 전반에 걸쳐 하류의 관점이 영향을 미친 사람은 오랜 기간 그 영향이 쌓이면 상류의 사람과 엄청난 차이가 생긴다.

'나무만 보고 숲을 보지 못한다'라는 관용구가 있다. 숲을 보지 않으면 자신이 어느 방향을 향해 나아가는지 큰 틀의 인생관을 잃게 된다. 그렇다고 너무 숲만 보고 발밑의 나무를 보지 않으면 발밑 뿌리에 걸려 넘어지고 만다.

자신감이 없거나 장래가 불안한 사람은 나무밖에 보지 못할 가능성이 있다. 하지만 우리는 크나큰 비전을 품고 만 미터 상공을 비행하면서도 지상의 저 작은 5mm 개미까지 살필 수 있어야 한다. 추상의 힘과 구체의 힘을 양립하자. 자신이 서 있는 위치와 방향을 파악하면 자신이 해야 할 일에 집중할 수 있다.

　나무도 보고 숲도 본다는 것은 대국적인 시야와 세밀한 부분까지 모두 놓치지 않는 자세다.

　그래서 거듭 강조하지만, '추상화 능력', '구체와 추상을 왕복하는 힘'이 중요하다.

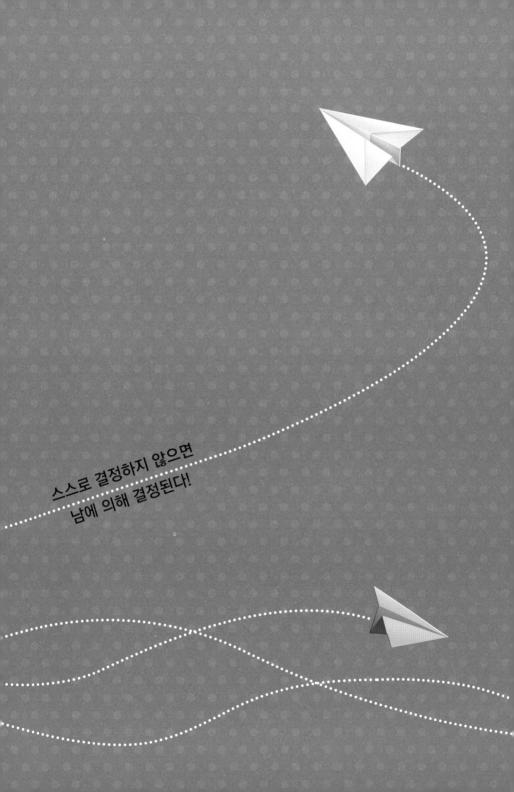

스스로 결정하지 않으면
남에 의해 결정된다!

Chapter 3

판단의 축을 만들어라

중요한 결단은
아무도 도와주지 않는다

한 사람에게 중요한 결단이란, '나는 이렇게 하고 싶다'라는 자발적인 욕구와 관련된 결단이다. 그런데 하루 중에 '내가 하고 싶은 일을 할 거야', '하고 싶은 일을 하려면 이렇게 하는 게 좋겠어'라는 판단을 하면서 사는 사람이 과연 얼마나 될까?

의외로 '해야 할 일'에 쫓기며 하루를 보내는 사람이 많다.

그런데 '이렇게 하고 싶다'라는 욕구가 없으면 생활이 '해야 하는' 일로 가득 차서 늘 그 일에 쫓기며 살아야 할 수도 있다.

'해야 하는' 일이란 '하지 않으면 나중에 자신이 힘들어지는' 일이고, 그것은 기본적으로 타인의 지시를 받아 수행하는 일이다.

서류를 제출해야 한다, 메일의 답신을 보내야 한다, 휴대전화 요금을 내야 한다……. 이런 일은 하지 않고 그냥 두면 욕을 먹거나 곤란한 일을 당하게 된다.

물론 이런 일도 중요하다. 하지만 '해야 하는' 일은 아무리 많이 해봤자 남의 꿈 실현에나 도움을 주고, 남의 목표 달성에 부품으로 이용되는 거나 다름없다.

그래서 생활 속에서 '나는 이렇게 하고 싶다'라는 욕구와 관련한 판단을 늘려야 자기 상황이 변할 수 있다.

단, '이렇게 하고 싶다'라는 욕구는 남이 지시해 주지 않기 때문에 이에 관한 판단도 스스로 내려야 한다.

이러한 판단은 마감 기한도 없고, 남에게 폐를 끼치는 행위도 아니라서 외부에서 강제력이 작용하는 일도 없다. 게다가 '하지 않아도 큰일 나지 않는다'.

자신이 가치 있는 일을 성취하든 말든 시간은 시시각각 흘러가고 한 해 한 해 나이는 들어가는 것이다.

필자는 부동산과 태양광발전에 투자 중인데, 이는 '경제적 자유를 위해 불로소득을 얻기로' 결심했기 때문이다.

누가 부동산 투자를 하라고 지시한 적도 없었고, 언제까지 해야 한다는 시한도 없었다. 심지어 부동산 투자는 생활필수품도 아니니 내가 하지 않는다고 해서 누구 하나 어려움을 겪는 것도 아니었다. 그저 내가 사지 않은 물건을 남이 살 뿐이었다.

하지만 내가 나서지 않았다면 내 생활은 바뀌지 않았다. 지금처럼 자유롭게 좋아하는 일만 하면서 먹고 사는 생활도 할 수 없었을 것이다. 그러니 자기 인생을 더 알차게 채우고 한 단계 끌어올리려면 '아무도 결정해 주지 않는 일', '하지 않아도 큰 문제없는 일'을 해야 한다. 이 점을 깨닫기 바란다.

원하는 바를 솔직하고도
깊게 파고들어라

그럼 '아무도 결정해 주지 않는 일', '하지 않아도 큰 문제없지만, 내 인생을 한 단계 끌어올릴 수 있는 일'은 어떻게 알 수 있을까?

이를 위해 가장 먼저 자신의 내면에서 봐야 할 것은 자신이 편안하고 행복하게 느끼는 행위, 상황, 장면에 대한 자기 느낌에 집중하는 것이다. 이때 주의할 점은 남 얘기에 신경 쓰지 말라는 것이다.

그리고 '이렇게 하고 싶다', '이렇게 되고 싶다'라는 바람이 정말 자기 마음속 깊은 데서 우러나온 것인지 파고들어 보기를 권한다.

예를 들어 '성공하고 싶다'라는 흔한 소망이 있다. 많은 이들의 솔직한 바람일 것이다.

이 소망을 좀 더 현실화시키려면 여기서 끝내지 말고 한 걸음 더 파고들어 본다. 이를테면 '무엇을 성공이라 할 것인가?'라는 식으로 말이다.

그래서 '충분한 금액보다 더 버는 것' 같은 답이 나왔다고 하자. 그럼 이번에는 '충분한 금액보다 더 번다는 것은 얼마를 말하는

가?'…… 연봉 천만 엔? (사실은 모호)

'왜 그만한 금액이 필요한가?'…… 일단 생활이 편해질 것 같으니까. (특별한 근거는 없다)

'현실 속 연봉 천만 엔 소득자는 장시간 노동과 격무에 시달린다.'…… 그건 싫다.

이렇게 깊이 파고들다 보면 '지금 내가 하는 일이 힘들다 보니 편하게 벌고 싶어 하는구나'라는 자신의 단순한 현실 도피 욕구를 발견할 수도 있다.

그런 발견이 나쁜 것은 아니다. 만약 '장시간 일하지 않고 연간 천만 엔 정도 수입을 얻을 수 있는' 상태가 자신이 생각하는 성공의 모습이라면, 다음으로 생각해야 할 것은 '단시간 노동으로 연봉 천만 엔을 버는 방법은 무엇인가?'를 궁리해 보는 것이다.

그럼 '짧게 일하고 연봉 천만 엔을 벌 수 있는 직종'을 찾거나 자신이 그 직업의 조건을 충족하지 않을 경우, 충족할 방법을 생각하면 된다. 또 그게 어렵다면 '부업이나 투자로 돈을 벌자' 등의 다음 단계로 넘어가면 된다.

이것이 바로 '이렇게 하고 싶다'라는 욕구와 관련한 결단을 하는 방법이다.

자기 의견을 뒷받침할
근거를 확보하라

'나는 이렇게 생각한다. 이러이러한 이유 때문이다'라는 식으로 자기 의견에 관한 확고한 근거를 제시할 수 있는 사람은 판단을 망설이지 않는다. 그리고 판단의 결과가 어떻든 인정하고 받아들일 수 있다.

그래서 자기 일과 생활에 관련한 사항은 물론이고 삶과 행동의 원리에 관해서도 일단은 '자기 의견을 가지는' 습관을 들이기를 권한다.

필자는 '결혼해서 아이를 낳으면 행복해진다'고 생각한다.

타고난 성격이 낯을 가리고 내성적인 데다가 남과 어울리기보다는 가족 중심의 생활을 편하게 느끼기 때문이다.

아내는 내 성격을 이해해 주는 편이고, 아직 어린아이들이야 설사 내가 소통 장애가 있다 해도 "아빠, 아빠!" 하면서 따를 테니까 나로서는 집이 가장 편하다(커서는 무시당할지도 모르지만 말이다……).

같은 이유로 친구는 있어도 좋고 없어도 좋다고 생각한다. 친구는 있으면 고맙게 여기겠지만, 사람을 사귀려면 무조건 시간과 배려가 필요한 법이니 없으면 없는 대로 편할 것이다. 그리고 실제로 친구가 없어도 곤란할 일은 별로 없을 것 같다.

그래서 나는 혼자 행동하는 데 아무런 거리낌이 없고(오히려 단독 행동을 선호하는 편이다) 웬만해서는 고독이나 외로움 따위로 고민하지도 않는다.

일도 꼼꼼하게 하는 편인데, 특히 신규 사업을 시작할 때는 가능한 한 돈을 들이지 않고 사람도 최소한의 인원만으로 밀고 나간다. 어느 정도 해보다가 가능성을 확인한 다음부터는 가속도를 붙이는데 늘 이런 식의 '작게 시작해서 크게 키우기'를 시도한다.

원래 신규 사업은 일단 진행해보고 나서 알게 되는 것이 많으므로 실제로 시작해 보면 계획대로 되지 않아 궤도 수정이 필요한 경우가 대부분이기 때문이다.

또 처음부터 일을 크게 벌이면 그 사업에 많은 것을 '걸어야' 하는데, 나는 먹고 자는 시간까지 쪼개가며 일하기는 싫은 사람이라 처음부터 크게 시작하면 정신적으로 피폐해질 우려가 있기 때문이다.

'자기인지'라는
이름의 자각력

이처럼 자신의 자질과 특성을 자각하면 진정 자신이 원하는 바를 알고, 하고 싶은 일을 특정할 수 있으며, 고정관념이나 선입견에 끌려 다니지 않아도 된다. 다만, 자각이라는 것은 자기 내면 깊은 곳에 자리 잡은 본심과의 대화이므로 말처럼 쉬운 일이 아니다. 가령 '나는 질투가 많은 편이다'라는 자각은 보통 사람은 받아들이기 어렵다.

자신이 남들은 이해할 수 없는 본심을 생각나는 대로 다 적어보는 것도 내면과의 대화에 꽤 유효한 도움이 될 수 있다.

'나는 돈을 좋아한다', '나는 이성에게 호기심이 많다', '나는 지나친 결벽증이 있다', '나는 남에게 베푸는 데 인색하다', '나는 남에게서 간섭받는 것이 싫다', '나는 홀로 있는 시간을 즐기는 편이다', '나는 욕심이 많은 편이다', '나는 이기적인 사람이다' 등등.

하지만 '이것도 내 특성이다'라고 받아들이는 용기와 도량이 필요하고 그런 지적인 담력을 가지는 것이 자신을 아는 첫걸음이다.

자신에게 '타인으로부터 인정받고 싶은' 경향이 있다면

'왜 인정받고 싶은가?'

'남에게 인정받는다는 것은 어떤 의미인가?'

'남이란 구체적으로 누구인가?'

'인정받는다는 느낌은 어떨 때 드는가?'

'인정받으면 어떤 좋은 점이 있는가?'

'그것은 자기 행복에 어떻게 기여하는가?'

이런 식으로 파고들어 자신이 어떤 결정을 내려야 하는지, 어떤 행동을 해야 하는지 알아보면 된다.

인생을 어떻게 펼쳐나가고 싶은? / 왜 그러한가?

어떤 사람이 되고 싶은가? / 왜 그러한가?

자신의 발목을 잡는 어두운 면은 무엇인가? / 왜 그러한가?

일과 관련해 소중히 여기는 것은 무엇인가? / 왜 그러한가?

놀이, 취미와 관련해 소중히 여기는 것은 무엇인가? / 왜 그러한가?

인간관계에서 소중히 여기는 것은 무엇인가? / 왜 그러한가?

그 외(건강, 결혼, 가족) 소중히 여기는 것은 무엇인가? / 왜 그러한가?

이렇게 주관과 그 밑바탕을 이루는 가치관이 명확하면, 자신이 현재 적절하게 살고 있는지를 판단할 수 있다. 또 자신의 고정관념도 알아챌 수 있는데, 설사 고정관념이라 할지라도 자신에게 긍정적인 고정관념, 긍정적인 편견임을 받아들인 상태에서 판단을 내릴 수 있다.

잘못된 믿음에서
탈출하라

　이는 고정관념, 편견, 선입견은 무조건 나쁘다고 단정 짓지 말라는 말이다. 고정관념에는 좋은 고정관념과 나쁜 고정관념이 있다.

　좋은 고정관념은 '자기 삶의 축'이 된다. 그 반면에 나쁜 고정관념은 '선택지와 유연성을 잃게 만들고', '자신과 타인을 옭아매는' 구속이 된다.

　나쁜 고정관념의 전형적인 예는 '○○ 해야 한다', '○○ 하면 안 된다', '○○이 틀림없다'와 같은 생각들이다. 이런 생각들은 딱히 근거가 없는 경우가 많다.

　'부모의 병시중은 가족이 맡아야 한다', '아이는 엄마가 키워야 한다'라는 생각 등이 나쁜 고정관념이다. 이런 주장은 그래야만 하는 근거가 없다. 이런 말은 그저 고정관념에 불과하다. 세상에 처음부터 정해진 건 없다. 누가 정해주는 것도 아니다.

　그런데도 그런 생각에 얽매이면 자신 또는 타인을 궁지로 몰아넣는 꼴밖에 되지 않는다.

'재수'라는 것도 그렇다. 흔히 '재수가 있네, 없네' 하는 이야기를 하는데 이것만큼 근거 없는 이야기도 없다.

예컨대 '길일', '흉일'을 따지는 역법도 기원은 중국인데 정작 중국에서는 의미가 없다고 보고 사용하지 않는다고 한다.

이런 사실을 안다면, 급한 계약을 굳이 길일까지 기다렸다가 해야 할 이유는 없다는 결론을 얻을 수 있다. 필자는 흉일에 결혼식을 올렸다. 덕분에 예식장 할인도 받고 식을 올리는 다른 커플도 없어 여유롭게 식장을 독차지할 수 있었다.

'잘못된 믿음', '선입견', '고정관념', '집착'에 얽매이면 적절한 판단을 하기 어렵다.

그러니 우선은 평온하게 '살다 보면 온갖 일이 다 생기는 법이다' 라는 유연한 자세를 가지는 것이 좋다. 그리고 자기 의견의 근거가 맞는지 되짚어 보는 자세를 가지자. 또 이런 자세가 익숙해질 때까지는 의식적으로 자신을 되돌아볼 필요가 있겠다. 예를 들자면, 나는 왜 '부모의 병시중을 가족이 해야 한다'라고 생각할까?

남의 손에 맡기면 부모님이 불쌍해지니까? 정말 불쌍해지는지 부모님께 여쭤봤나?

불효라고? 어떻게 불효라고 할 수 있지?

가족이 돌보는 것은 당연한가? 당연하다는 생각은 어디서 나왔지? 그런데 앞서의 논리 전개에는 특히 착실한 사람들이 '괘씸하다', '어떻게 그럴 수 있느냐?', '어른 모실 줄을 모른다' 같은 불만을 품기 쉽다. 그런데 그렇게 자기 생각에 집착하면 자신과 타인을 옭아맬 뿐이다. 그리고 스스로 선택지를 좁히거나 과제 설정을 잘못해 부적절한 판단을 하기도 쉽다.

이를테면 착실하기만 하고 사고가 유연하지 못한 사람은 '세상은 평등하고 공평해야 한다'라고 굳게 믿다가 어느 순간 '그런데 왜 나는 보상받지 못하나? 왜 나만 손해 보나?' 같은 불만을 느끼게 된다. 그리고 세상의 불합리함과 부조리함에 좌절하기 쉽다.

그러니 애초에 '절대적인 정의, 절대 선은 존재하지 않는다', '세상 사람은 다양한 처지, 다양한 상황 속에 존재한다'라는 세상 일에 대한 자연스러운 긍정관을 가지고 있어야 한다.

이것도 쉽지는 않겠지만, 늘 그러한 사고 패턴이 작동하도록 습관을 들이는 것이 좋다.

규칙의 본질을 이해하고
규칙을 의심하라

필자는 세상에 존재하는 무수한 규칙을 아는 데 그치지 말고 그 본질을 추구해야 여러 상황에서 응용할 수 있는 지혜를 갖추고, 더 나아가 규칙을 넘어서서 더 큰 자유를 얻을 수 있다고 생각한다.

그러려면 내가 아는 '이 규칙이 왜, 무엇을 위해, 누구를 위해 만들어졌는지'를 늘 생각하는 자세가 중요하다.

학교의 교칙을 예로 들어보자.

남학생들이 좋아하는 투블럭컷 스타일을 금지하는 학교가 많은데, '고등학생답지 않다'라거나 '범죄에 휘말리지 않도록'이라는 밑도 끝도 없는 이유를 붙인 교칙이 적지 않다.

애초에 투블럭컷 스타일을 해서 범죄에 연루된 사례가 있었을까? 그랬다면 그건 정말 투블럭컷 스타일이 원인이었을까? 그리고 '고등학생다움'은 누가 어떤 기준으로 판단하는 것일까?

알고 보면 그저 어른들에게 익숙하지 않은 이질적인 문화라서 배제하고 싶은 것일 뿐이고, 마음에 들지 않아서 금지한 것일 뿐이라는 간편한 일 처리 방식이다. 기성세대가 멋대로 그려놓은 '고등학생 상'을 주입한 뒤 편하게 살고 싶은 것이다.

필자는 이런 황당한 교칙을 현장에서 직접 맞닥뜨린 적이 있다. 이웃의 공립 중학교에서 '여학생은 머리를 하나로 묶을 때 묶은 위치가 귀보다 높으면 안 된다'라는 교칙이 있었다. 그런데 그 교칙의 근거가 '변태 성욕자 대책'이라 했고, 그 말을 들은 나는 그 자리에서 쓰러질 뻔했다.

변태 성욕자를 막기 위해서라면 왜 여학생에게 슬랙스가 아닌 스커트를 입으라고 하며, 왜 속옷이 비치는 블라우스를 착용하게 하는가.

아니, 어떻게 머리 묶은 모습을 보고 성욕을 느끼는 변태 성욕자가 학교에 있다는 전제를 둘 수 있는지 그것부터가 이해되지 않았다. 애초에 교칙을 만든 교사의 개인적인 취향이 반영되었다고밖에 볼 수 없는, 합리적 근거가 희박한 교칙이었다.

필자가 자주 사용하는 예를 하나 들어보겠다. 길을 걷다가 신호등 앞에 섰는데 신호가 빨간색으로 바뀌었다. 좌우를 둘러봐도 차량은 그림자도 보이지 않는다.

여기서 고지식하게 발걸음을 멈춘다면 규칙에 얽매인 사람이다. 물론 보통은 '빨간불일 때는 건너면 안 돼'라고 생각할 것이다.

분명히 빨간불일 때는 서라고 도로교통법에 정해져 있고, 그 7조에는 '보행자는 신호에 따라야 한다'라고 되어 있다.

그렇다면 이 도로교통법은 애초에 무엇 때문에 존재하는지를 생각해 보자. 1조를 보면 '도로 내 위험을 방지하고', '교통의 안전과 원활한 통행을 도모해', '교통에 기인하는 장애를 방지하기 위하여' 라고 되어 있다.

그렇다면 도로 내 안전에 저해되지 않고 교통질서가 문란해지지 않는다면 보행자가 적신호라도 건널 수 있지 않은 것 아닌가. 즉 '좌우를 다 살펴도 차량이 한 대도 없는 적신호의 횡단보도'에서는 그냥 건너도 된다는 말이다.

빨간불일 때도 막 건너가라는 뜻이 아니라 규칙의 본질에 대해 사고하는 행위가 중요하다는 말이다.

'빨간불일 때 건너는 행위는 규칙 위반이다'라고 굳게 믿는 사람에게는 불가능한 사고방식이다.

그들은 애초에 '해당 규칙은 왜 존재하는가?'에 관해 원점으로 돌아가서 생각하지 않는다. 그저 기계적으로 '규칙은 당연히 지켜야 한다'라고 믿고 규칙 준수를 목적으로 삼을 뿐이다.

그러나 규칙은 사회를 유지하는 최대 공약수로 만들어져 있기에 현실에 맞지 않는 경우가 종종 있다.

기술의 진화, 시대의 변화 등으로 인해 과거에 만든 규칙이 현실에 맞지 않거나 혁신에 방해가 되기도 한다.

그래서 자기 안의 도덕관, 윤리관을 일단 접고 '이 규칙의 본질은 무엇인가?', '이 상황에서 규칙을 적용하는 것은 이상하지 않을까?' 라는 발상을 해보라고 권하는 것이다.

정보 강자는 스스로 규칙을 만들고
불리한 규칙은 바꾼다

해외로 눈을 돌려보면, 규칙을 대하는 발상의 차이를 알 수 있다. 특히 미국과 중국은 사물을 파악할 때 '국익에 부합하는가?'라는 관점에서 바라보기 때문에 늘 자신들에게 유리한 규칙을 만들려고 한다. 그러다가 불리하다 싶으면 그 규칙을 바꾸기 위해 로비를 하고 심지어 세계적인 시스템에서 탈퇴도 불사한다.

이를 '교활함'이라 볼 것인가, '전략'이라 볼 것인가?

그런데 협상을 통해 자신에게 더 유리한 규칙을 만드는 정도는 모두가 하는 행위이며 정당한 권리라 할 수 있다.

기업도 자신에게 유리하게 판을 짜려 든다.

오래전 일이지만, 비디오테이프의 규격 표준을 놓고 VHS 진영과 베타 진영이 경쟁하던 일화를 보면 분명히 알 수 있다*.

* 1970~80년대 비디오테이프의 규격 표준을 둘러싼 VHS 방식과 베타 방식의 경쟁은 IT업계 표준 경쟁의 시초라고도 불린다. 베타 방식이 화질도 더 선명하고 크기도 작았으며 출시 시기도 빨랐지만, 14년이라는 길고 긴 경쟁 끝에 결국은 시장의 판도를 유리하게 끌고 가지 못하고 VHS에 승기를 빼앗기게 된 일화를 말한다.

기업과 기업뿐 아니라 노사 간에도 마찬가지다. 취업규칙이나 사내규정은 모두 기업 측에 유리하게 만든 규칙이지만, 직원은 그 규칙을 지킬 수밖에 없다.

가정도 그렇다. 어느 집이나 규칙이 있을 텐데 기본적으로는 부모님의 뜻에 따라 만들어진다. 누구나 어릴 때 한두 번은 귀가 시간이나 심부름에 관해 '불합리하다'고 느낀 적이 있었을 것이다. 그런데도 사람들은 대부분 매우 충실하고 고분고분하게 규칙을 지킨다.

그들은 그 규칙이 때에 따라 옳지 않을 수 있다거나 자신에게 불리할 수도 있다는 생각을 꿈에도 하지 않는다. 그렇게 규칙의 본질을 생각하지 않으며 스스로 규칙을 만들려고도, 바꾸려고도 하지 않는다. 그러니까 남이 만들어 놓은, 남에게 유리한 규칙을 잘 지키는 것이다.

오로지 규칙을 지키는 것만이 그들에게는 정의이기에 규칙을 지키지 않는 사람을 발견하면 참지 못하고 비난의 화살을 퍼부으려든다. 그 때문에 그저 마땅치 않다고 여기고 넘어갈 일이 큰 소동으로 번지기도 한다.

우리 개인도 생각을 바꿔서 타인이 만든 규칙을 그저 따르기만 하지 말고, 규칙과 상식의 본질을 생각해서 정말 의미가 있는지 하나하나 따져봤으면 좋겠다.

그렇게 해야 온갖 정보가 뒤섞인 이 코로나 시국도 가볍게 헤쳐 나갈 수 있지 않을까?

인생의 중요한 판단 기준은
인문교양에서 배워라

의사결정을 적절하게 하려면 자기 나름의 가치 판단 기준이 있어야 한다.

여기서 말하는 가치 판단 기준이란, 무엇이 정의이고 무엇이 악인가 하는 도덕 규범이나, '내가 볼 때는 이쪽이 멋지다(아름답다)'라는 미적 개념 등 자신이 살면서 기준으로 삼을 행동 지침이자 궁극적으로 자기 행복으로 연결될 기준을 가리킨다.

이때 중요한 것이 리버럴 아트(liberal arts, 일반교양)*이다.

불투명한 미래, 뚜렷한 정답이 없는 사회, 역할 모델이 없는 낯선 새로운 시대에 불안해하지 않고 고민 없이 늘 자신감 있게 자기주도적으로 하려면 어떻게 해야 할까?

그 해결 방법의 하나가 리버럴 아트를 배우는 것이다.

* Liberal Arts의 어원은 라틴어 Artes Liberales. '자유 시민을 위한 학문'이라는 뜻으로 고대 그리스에서 르네상스 시대의 엘리트 계층을 위한 교양과목이었다(문법, 수사학, 변증법, 산술, 기하학, 천문학, 음악). 그러나 현대에 와서는 순수 인문, 사회과학, 자연과학 같은 기초학문을 말하며 비평적, 창의적 사고 능력을 키우기 위한 교육 개념으로 발전했다.

'자유를 얻기 위한 기능'이라고도 불리는 리버럴 아트를 통해 넓은 지적 바탕을 다져두면 자신의 입지를 한층 자유로운 단계로 높일 수 있다.

리버럴 아트로 지적 바탕을 다진 사람은 '다양한 시각'을 얻을 수 있기 때문이다. 관점·시각·사고방식·견지·가치관·세계관이 풍성할수록 우리는 미지의 상황에 맞닥뜨려서도 적절하고 유연하게 대처할 수 있다.

지식과 교양을
단련하라

필자는 이 리버럴 아트가 '지식'과 '교양'으로 구성되어 있다고 본다.

'지식'이란, 우리가 사는 세계의 구조 및 관계 등 전체상을 이해하고 경제학·심리학·법률 같은 생활에 밀접한 구체적인 정보를 배우는 것이다.

지식이 풍부하면 그만큼 세상을 넓게 이해할 수 있어 다양한 선택지를 확보할 수 있으며, 그 선택이 자신에게 어떤 영향을 주는지 전망할 수 있으므로 우리는 지식을 쌓아야 한다.

사람은 남에게 없는 정보를 가지고 있기만 해도 남보다 앞설 수 있다.

아주 쉬운 예로는 '이 상품은 어느 가게가 싼가?' 또는 '어떤 방법을 이용하면 최저가의 가게를 찾을 수 있나?' 하는 정보를 들 수 있다. 이 같은 정보가 없는 사람은 같은 상품이라도 비싼 값을 치러야 한다.

세금에 대한 지식이 있으면 더 많은 돈을 남길 수 있고, 법률 지식이 있으면 사기꾼을 만나더라도 불상사를 미연에 대비할 수 있다.

'교양'이란, 역사와 예술, 고전 등에 통달하는 것이라고 오해하는 사람이 많은데 단순히 고전을 읽는다고 교양이 쌓이는 것은 아니다.

교양은 인간의 가치 판단 기준을 형성하는 재료이며, 사물을 해석하거나 생각할 때 다각적으로 보는 토대를 말한다. 달리 말하면, 지식과 경험에서 오는 문제 해결 능력이다.

역사나 문학은 사고하는 훈련에 쓰이는 재료일 뿐, 핵심은 '사고력'이다.

이 훈련을 통해 어디에 가치가 있는지, 무엇이 본질인지, 무엇이 중요한지, 무엇이 필요하고 무엇이 불필요한지, 무엇이 아름답고 무엇이 추한지를 스스로 가다듬어야 한다.

그렇게 하다 보면 '이것은 나에게 중요하니까 진지하게 임하고, 이것은 중요하지 않으니 그냥 지나치자'라는 판단이 쉬워진다.

사람마다 다르겠지만, 이 가치 판단 기준이 확실하면 할수록 망설일 일, 불안해할 일도 줄어든다.

나아가 자신의 가치 판단 기준만 생각하지 말고 다른 사람의 판단 기준도 배울 필요가 있다.

타인의 인격 패턴, 행동 패턴을 많이 축적하고 있으면 인간에 대한 상상력이 풍부해져서 자기와 다른 패턴의 사람을 만나도 적절하게 대처할 수 있다.

우리 가족의 사고방식과 행동 원리는 무엇인지, 직장 상사, 사장은 어떠한지, 총리, 대통령은 어떻게 생각하고 행동하는지를 상상해 보자. 범위를 더 확대해서 이웃 나라 사람, 타 종교 사람에 대해 상상해도 좋다. 그런 식으로 자신과 가치관, 성격, 사고방식, 관심, 욕구가 완전히 다른 타인의 패턴을 많이 이해하고 상상하는 노력을 게을리 하지 말라는 것이다.

이런 과정을 통해 타인과의 불필요한 분쟁을 피할 수 있고, 타인에 대한 수용력을 키워 인간관계의 스트레스를 줄일 수 있다.

지식과 교양을 조화롭게 갖추면 갑자기 발생하는 문제나 오래 망설이던 과제에 대해서도 해결하고 극복할 수 있는 아이디어가 샘솟을 것이다.

지적 논쟁을
즐겨라

　　교양이라고 하면 앞서 말한 것처럼 순수 문학이나 예술, 역사를 떠올리는 사람이 많은데 좋아하는 사람이라면 몰라도 사실 별로 재미있는 분야는 아니다.

　　그래서 손쉽게 접근하려는 이들을 위해 필자가 권하는 방법이 있다. 자신이 관심을 느끼는 분야(그중에서도 수필이나 자기계발서 등 저자의 가치관이나 주의, 주장이 강하게 드러난 책)에서 자신과 다른 주의, 주장을 펼치는 책을 읽고 저자와 '지적 논쟁'을 벌이는 것이다.

　　책을 읽고 고개만 끄덕인다면 저자의 생각에 감탄하는 것일 뿐 자기 교양은 아니다. 고전을 읽고 '그렇구나' 하고 지식만 쌓는 것도 교양은 아니다.

　　앞에서 교양이란 '사물을 보는 관점·가치 판단 기준'이라고 말했다시피 다양한 관점이 형성되어야 자신의 교양이 되는 것이다.

　　논쟁이란, '이 저자는 왜 이렇게 말했을까?', '어떤 논리에서 이런 주장을 했을까?', '저자는 이렇게 말하지만, 내 생각은 이렇다'라는 식으로 저자의 주의, 주장을 의심하고 자신의 주의, 주장과 대조해 보는 행위다.

물론 순수 문학이나 역사, 고전을 부정하는 것은 아니다. 문학이나 소설도 주인공이나 등장인물에 감정을 이입해서 '왜 이 인물이 이런 대사를 했을까?', '만약 나라면 무슨 말을 할까?', '내가 그런 상황이라면 어떻게 행동할까?'를 생각하며 읽으면 된다.

고전이라면 '이 가르침은 내 생활, 일, 인생의 어느 상황에 적용할 수 있을까?', '나는 이 가르침을 적절한 자리에서 적절하게 실천해 왔을까?'를 생각하며 읽을 수 있다.

또 역사라면 '당시의 리더, 인물들은 무엇을 저울질하고 무엇을 우선시해서 그런 결단을 내렸을까?', '만약 내가 이 인물이라면 어떻게 판단했을까? 그 이유는 무엇인가?'를 생각하면서 읽는 방법이 있다.

이러한 '지적 논쟁'의 축적이 다양한 가치 판단 기준을 형성하고 세상에 대한 폭넓은 이해로 연결되면 자신에게 자유를 안겨주는 강력한 힘으로 작용한다.

그러니 책을 고를 때는 자신의 가치관이나 판단 기준과 지극히 다른 사람, 행동 패턴과 사고방식이 정반대인 사람의 책을 고르는 것이 좋다.

그리고 책을 읽는 동안에는 내 주장과 달라서 감정적으로 반발하고 싶어도 꾹 참고 '이 저자가 이렇게 주장하는 근거는 뭘까? 어떤 배경이 있어서 이런 말을 할까?' 하는 사유를 많이 하는 것이 좋다.

다만, 도덕관이나 윤리관, 미적 감각은 사람마다 다 다른 법이라 '나는 이렇게 생각한다', '그렇게는 생각지 않는다' 하는 차이가 클 수밖에 없다.

그런 의미에서 많은 이들에게 공통으로 적용할 수 있는(그럴 수 있으리라 생각한다) '효율'과 '합리성'이라는 관점에서 필자의 가치 판단 기준을 몇 가지 소개한다.

경제적 합리성

목숨과 건강이 가장 중요하다는 데는 이론의 여지가 없지만, 그에 대해서는 나중에 이야기하기로 하고 그다음으로 중요한 것을 꼽자면 다름 아닌 '돈'일 것이다.

경제적 득실과 관련한 판단은 누구나 아주 중요하게 여긴다. 많은 경우, 사람들은 경제적인 장점이 있는지를 따져서 의사결정을 한다.

그런데 '할인하니까', '한정판이니까', '귀여워서' 같은 '감정'에 휘말려서 적절하지 않은 판단을 하기도 한다.

천원 숍 같은 곳에 갔다가 사지 않아도 될 물건을 생각 없이 사들인 경험이 이에 속한다. 또 신용카드로 계산하면 포인트가 쌓여서 할인과 비슷한 효과를 얻을 수 있는데, '왠지 불안해서', '너무 많이 써서'라는 이유로 현금 결제를 고집하는 사람이 있다.

'월말만 되면 돈이 없다'라는 사람들은 이런 근거 없는 감정으로 행동하지 않았는지 돌아볼 필요가 있을 것 같다.

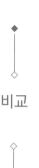

비교

금액(숫자)은 경제적 합리성을 가늠하는 중요한 판단 재료다. 그런데 숫자 자체는 무의미하다. 판단에 이용하려면 '비싼지 싼지'를 따지는 절대치가 아니라 '비교'가 중요하다.

비교의 기준은 '비용과 이익', '리스크와 리턴'의 균형이다.

비용과 이익은 이른바 가성비(비용 대비 효능)를 따지는 방법이다.

예를 들어 외식할 때 '이 가격에 이 맛이면 훌륭하다', '이만한 양에 이 가격이면 아주 좋다'라는 식이다.

비싼 음식은 웬만하면 맛있다. 하지만 맛이 같을 때는 거기에 투입하는 비용이 적을수록 가성비가 좋다고 느껴 만족감이 높다.

이와 마찬가지로 단순히 비싼지 싼지가 아니라 얻어지는 효능에 대해 지출이 적으면 적을수록 좋다는 것이다. 다시 말해 해당 지출에 대해 효능이 크면 클수록 좋은 것이다.

그런데도 사람들은 왠지 가격표만 보고 '비싸다, 싸다' 하는 절대 액수만으로 비교 · 판단하는 경향이 있다.

이를테면 필자는 창업가 육성 학원을 운영하는데, 수강료가 4개월에 19만 8천 엔이다. 수강생 중에는 '수강료가 비싸서 도저히 못 내겠다'라는 사람이 있다. 그런데 최근 수강생 중 한 명은 학원 수강을 마친 2개월 후, 1시간짜리 세미나를 개최해 288만 엔의 매출을 올렸다.

비용과 이익의 균형을 살펴보면 압도적으로 이익이 크다는 사실을 알 수 있지만, 현실에는 그런 판단을 하지 못하는 사람이 많은 것 같다.

내 집 마련과 관련해서도 마찬가지다.

많은 사람이 자기 수입으로 살 수 있는 가격대에서 물건을 선택하는 경향이 있다. 게다가 신축이면 무조건 좋을 거라고 믿다 보니 '신축이니까 산다'라는 합리적이지 못한 판단을 한다.

그래서 도심에서 멀리 떨어진 교외나 가장 가까운 역까지도 버스를 이용해서 나가야 하는 불편한 위치에 있는 집을 선택하곤 한다.

그렇게 하면 장래 자산 가치는 크게 떨어진다. 2천5백만 엔에 산 집의 가치가 30년 후에는 5백만 엔밖에 안 되는 일이 일어날 수도 있다.

이와 반대로 가격이 조금 비싸도 도심의 편리한 장소에 있는 물건을 선택하면 어떻게 될까?

집을 살 때 가격은 5천만 엔으로 조금 비쌌어도 30년 후에 거의 같은 가격에 팔린다면, 그 30년 동안은 거의 공짜로 살 수 있다는 계산이 나온다. 게다가 도심이기 때문에 출퇴근과 통학에도 편리할 것이다. 그러니까 가격만 비교하는 것은 무의미하며 이익의 크기를 고려해야 한다는 뜻이다.

리스크와
리턴

리스크와 리턴도 비슷한데, 다소 불확실성이 높은 상황에서 적용하는 개념이라는 점이 조금 다르다.

예를 들어 약은 약효가 강할수록 부작용도 강한 경향이 있다. 항암제도 암세포 증식을 억제할 만큼 약효가 강력하기에 머리카락이 빠지는 등의 심한 부작용을 나타낸다.

하지만 의사는 부작용이라는 리스크보다 리턴이 더 높다고 판단하기 때문에 그 약이나 치료 방침을 제안한다.

이론적으로는 다 아는 내용이다. 그런데 실제로는 누구나 실패할 리스크를 과대평가하고 리턴을 과소평가하기 쉽다.

이를테면 '회사를 나와 창업하기는 리스크가 크다'라고 하는 것도 창업으로 얻을 리턴보다 리스크가 과대평가되기 때문에 그렇다고 할 수 있을 것이다.

물론 약의 부작용처럼 무슨 일이 일어날지 예측하기 어렵다 보니 불안한 건 맞지만, 리스크 분석과 대책이 제대로 되지 않았기 때문이기도 하다.

필자의 주요 투자처인 부동산도 리스크는 당연히 있지만, 그보다 기대 리턴이 크기 때문에 수천만 엔의 자금을 투자하겠다고 판단하는 것이다.

리스크도 공실 리스크, 임대료 하락 리스크, 임대료 체납 리스크, 클레임 리스크, 수리 리스크 등 한둘이 아니다.

하지만 인기 지역에서 시세보다 조금 낮게 임대료를 책정하면, 공실 리스크와 임대료 하락 리스크를 꽤 줄일 수 있다.

입주자를 보증 회사에 가입하게 하면 체납이 있어도 보증 회사가 임대료를 대신 내주니 체납 리스크도 거의 사라진다.

관리 회사에 관리 업무를 맡기면 클레임 처리도 알아서 해준다. 수리는 장기 수리 계획을 세워서 필요 자금을 적립한다.

이런 식으로 리스크를 상세히 분석하면 대응 방법과 준비 사항을 파악할 수 있으므로 너무 두려워할 필요가 없다.

여하튼 20~30년 동안은 거액의 임대료 수입을 얻고, 융자금을 상환한 뒤에는 토지와 건물이 모두 자기 소유가 되니 리스크보다는 리턴이 압도적으로 크다는 것이 필자의 판단이다.

돈을 버는 사람이
가계를 장악하는 게 맞다

자기 손으로 모든 것을 결정하겠다는 전제를 세웠다면, 가계 관리도 직접 하는 것이 맞다. 가정의 생활 자원을 버는 사람이 지출까지 관리해야 돈의 출입 전체를 파악, 예측하기 쉽기 때문이다. 이렇게 하면 저축을 포함한 모든 계획 수립이 쉬워진다.

자기 수입이 현재와 미래에 어떻게 변화할지는 벌고 있는 본인이 가장 잘 안다. 회사원이든 사업주든 관계없이 말이다.

예컨대 거래처가 줄었다, 단가가 내렸다, 회사가 희망퇴직을 모집한다, 회사 봉투가 싸구려로 바뀌었다……. 본인은 이러한 변화가 수입에 영향을 주리라는 것을 직감할 수 있다.

그래서 앞으로 수입과 지출에 문제가 발생할 것 같은 느낌이 들면 즉각 위기감을 느끼고 대응할 수 있다. 매출을 더 늘릴 노력을 하거나 다른 일을 통해 보전하려는 궁리도 할 수 있다.

직접 돈을 벌지 않는 전업주부(살림전담 남편) 관점에서는 아무래도 '수입 범위 내에서 어떻게 하면 잘 쓸까?' 하는 생각이 들 수밖에 없다. 즉 지출 관리에만 생각이 미치는 것이다.

전업주부가 '가족의 가능성을 넓히려면 더 많은 돈이 필요하니 이런 비즈니스로 돈을 벌자', '부동산을 사서 임대 수입을 올리자'라는 발상까지 해주면 좋겠지만, 생각이 '내가 아르바이트라도 할까?' 정도에 머문다면 큰 도움이 되지 않을 게 뻔하다.

그리고 가계 소득 부족의 여파는 돈 버는 사람의 용돈 감액, 음주 횟수 감소 같은 인색한 방식으로 나타나게 된다.

돈 버는 사람의 용돈이 줄면 관심 분야도 저렴한 밥집, 싸구려 술집 이상으로 확대되기 어렵다. 그러다 보면 금전 감각도 늘 용돈 범위 내, 월 수만 엔 수준에 그친다.

용돈만 받으면 돈이 어떻게 들고나는지에 관심을 가지지 않게 되므로 가계 대출이나 보험까지도 아무런 전략 없이 결정할 가능성이 있다.

물론 반드시 그렇다는 것은 아니다. 부인이 똑소리 나는 살림꾼이어서 남편이 본업에 전념할 수 있다는 사람도 있다.

또 세상에는 남성보다 돈 관리를 잘하는 여성도 많다.

그렇게 가계가 잘 굴러간다면 문제없다.

하지만 가족의 발전적인 미래를 위해 돈을 쓰려면 역시 돈을 어디에 쓸지 관심을 가질 필요가 있다. 필자는 그런 의미에서 자신이 번 돈의 수입과 지출은 모두 직접 관리하는 것이 좋다고 생각한다.

시간적 합리성

경제적 합리성과 함께 중요한 것은 시간을 효율적으로 활용할 수 있는지를 따져보는 관점이다.

시간은 인생의 일부다. 어딘가에 시간을 쓰면, 그 시간을 이용한 다른 일은 할 수 없다. 즉 '무언가를 한다'는 것은 다른 '무언가를 버리는' 것과 같다.

이것도 취사선택 행위이므로 같은 시간을 어디에 써야 가장 효용이 높은지를 기준으로 삼아야 한다.

그런데 많은 사람이 돈을 우선시하고 자기 시간을 소홀히 대하는 경향이 있는 것 같다. 돈은 줄어들면 눈에 보이지만, 시간이 줄어드는 것은 눈에 보이지 않아서일 것이다.

지갑에서 돈을 꺼내 물건값을 내고 나면 당장 돈이 줄어든 것이 보인다. 통장 잔액도 줄어들면 숫자로 분명하게 드러난다. 그런데 시간은 무엇을 하든, 하지 않던 평등하게 흘러가기 때문에 좀처럼 의식하지 못한다. 사람의 목숨도 확실하게 보이지 않기에 자신에게 남은 시간이 시시각각 줄고 있어도 실감할 수 없다. 그런 이유로 시간은 허투루 쓰게 되는 경향이 있다.

그래서 자기 시간을 소중히 다루기 위한 가장 쉬운 방법은 시간을 자기 시급으로 환산하는 것이다.

시급으로
환산하라

자신의 시급을 계산해 본 적이 있는가?

주어진 시간에 일을 했다면 얼마나 받았을 지를 따져보면 매일의 습관이 크게 바뀔 것이다. 시간제 아르바이트, 파견 사원으로 일한 경험이 있는 사람은 피부에 와 닿을 이야기다.

예를 들어 연봉 5백만 엔을 받는 회사원이라면 하루 8시간 노동에 연간 근무 일수가 230일일 때 시급은 약 2,700엔이다.

그런데 그 사람이 오늘 SNS에 한 시간을 썼다면 2,700엔을 포스팅과 열람, 좋아요 누르기에 쏟아 부은 셈이다. 그렇다면 그 행위에 2,700엔을 낼 가치가 있었는지 되돌아보면 어떨까? 과연 자신이 고용주라면 그렇게 시간을 쓰는 사람에게 2,700엔을 줄까?

그밖에도 새로 오픈한 백화점, 유명 음식점, 놀이공원, 명절과 연휴의 고속도로 등지에서 끝없이 늘어선 줄에 합류하는 행위는 과연 2,700엔을 쏟아 부을 가치가 있을까?

시급을 이용한 또 다른 환산법이 있다. 자신의 시급을 기준으로

'직접 하는 것이 이득인지(=시간을 쓰고 돈을 절약하는 것이 이익인지)', '돈을 쓰고 시간을 절약하는 것이 이익인지'를 비교해 보는 것이다.

가령 어떤 일을 외주를 줘서 한 시간에 2,700엔 이상(자기 시급 이상)이 든다면 직접 하고, 2,700엔 이하면 외주를 주는 것이 좋겠다는 계산이다.

학부모회(PTA)의 원성이 자자한 '벨 마크 수집 · 분리' 작업을 예로 들어보자*.

벨 마크는 1점당 1엔으로 계산하므로 1인당 한 시간에 2,700점 이상을 작업할 수 있다면 회사를 쉬고라도 작업하는 게 좋다. 그렇지 않다면 일부러 회사를 조퇴하고 학부모가 모여서 작업하기보다는 돈으로 해결하는 편이 낫다는 계산을 할 수 있다.

다만, 자기 학교에 필요한 용품을 사는 데 쓰겠다고 하면 비용의 절반은 현금으로 내도 되니 작업량은 1,350점. 따라서 1,350점 이상의 작업이 가능한지가 일의 지속 여부를 판단하는 기준이 되겠다.

어쨌든 1,350점도 불가능에 가까운 작업량이니 부부가 모두 일터에서 시간을 보내야 하는 맞벌이 부부의 불만이 하늘을 찌르는 것이다.

* 벨 마크 운동은 상품에 붙은 종 모양 표시를 모아 전국 학교의 설비, 교재 구매를 위해 기부하자는 취지로 1960년대에 시작된 일본의 전국 규모 캠페인이다. 점수는 상품별로 0점부터 소수점, 100점대까지 다양한 점수가 부여되고 점당 1엔으로 계산해 기부금액이 책정된다. 학교에서 벨 마크 기부에 참여하기로 하면 학부모회의 적극적인 지원이 필요한데, 기부금에 비해 과도한 시간과 노동력이 든다는 비판이 많다.

장기냐
단기냐

시간에 관한 판단 축에는 '단기로 생각할지, 장기로 생각할지, 둘 다 고려할지'의 세 가지 방법이 있다.

예를 들어 '연금은 도움이 되지 않으니 내지 않겠다'라고 주장하는 자영업자가 있다. 확실히 도움이 되지는 않지만, 연금제도가 없어질 일은 없다고 본다. 게다가 노후의 건강 상태나 경제 상태가 어떻게 변할지는 명확히 예측할 수 없다.

이렇게 생각하면 금액은 둘째 치고 평생 받을 수 있는 돈을 포기하고 현재의 지출을 아끼는 것이 최선의 방법은 아니라는 생각이 든다.

젊을 때는 결혼 생각도 없고 자녀도 필요 없다고 생각하다가 나이가 들면서 생각이 바뀌어 결혼도 하고 싶고 자녀도 갖고 싶어졌다는 사람들이 있다. 그런데 이미 나이는 들 만큼 들어 후회한다는 이야기를 들은 적이 있다.

'지금 좋으면 된다'라는 단기적인 사고로 판단하면 나중에 후회할지도 모른다. 그래서 사고의 시간 축을 길게 잡고 생각하는 습관이 필요하다는 말이다.

사고의 시간 축이 짧은 사람은 TV 홈쇼핑 프로그램에서 건강기구 따위가 나오면 충동 구매하는 경향이 있다.

러닝머신, 거꾸로 매달리는 건강기구, 실내 자전거, 진동 운동기구, 초음파 복근 운동기구, 군대식 다이어트 프로그램인 '빌리즈 부트 캠프', 승마 운동기구……

'벽장에 처박아뒀다, 빨래건조대로 전락했다, 벌써 내다 버렸다.' 등 구매 이후의 사연도 갖가지라고 들었다.

승마 운동기구를 예로 들어보자. 전원을 켜면 안장이 이리저리 움직여서 승마하는 것처럼 복근이 단련되기 때문에 배가 홀쭉하게 들어가는 효과가 있다는 광고가 TV에 나온다.

보자마자 사고 싶더라도 이렇게 잠깐만 사고의 시간 축을 늘려보라.

첫날. 기구에 올라타고 전원을 켠다! 오오~ 흔들린다!

　　이거 정말 효과가 있을지도 모르겠어!

2일째. 오늘도 올라타서 전원을 켠다!

3일째. 오늘도 전원을 켠다……. 살짝 지겹네.

4일째. 오늘도 할까? 그런데 좀 멍청한 것 같은 느낌이……

5일째. 바쁘다. 내일 하자.

6일째. 코트를……. 그래, 여기 걸쳐 놓으면 되겠다!

7일째. 몰라, 다 귀찮아.

'아, 그래. 아마 난 바로 포기할 거야. 저런 건 사지 말자.'

이렇게 시간 축을 길게 잡고 생각해서 자신이 제대로 사용하지 않을 것 같으면 사지 않겠다고 판단하면 된다.

그런데 충동 구매하는 사람들은 이런 과정들을 건너뛰어 '어, 저것만 있으면 편하게 살을 뺄 수 있겠다!' 하면서 눈앞의 허상을 좇아 돈을 쓰는 것이다.

사고의 시간 축을
자유자재로 조절하라

지금 시점에서 보면 코로나바이러스에 휘둘려 위축된 사람들도 사고의 시간 축이 짧은 사람에 속하는 것 같다.

왜냐하면 '지금 무엇을 할 것인지'를 고민하고 준비해서 '미래의 수확'을 거둘 생각을 하지 못하고 그저 위축되어 행동을 멈추고 기회를 잃기만 했기 때문이다.

지금 일을 해야 1년 뒤, 또는 3년 뒤, 5년 뒤, 10년 뒤에 열매를 맺을 텐데 집안에 갇혀서 아무것도 하지 않았으니 무슨 결실을 기대할 수 있겠는가.

반면에 창업가와 기업 경영자의 상당수는 업무 개선이나 판매 방법의 다양화 같은 개혁에 여념이 없었다. 신규 사업 및 신규 업태 개발도 착착 진행했다. 이미 애프터 코로나, 위드 코로나, 뉴노멀 시대를 직시했기 때문이다.

그래서 그들은 지금도 감염 예방책을 취하면서 출장을 가고 타회사 사람들과 회식도 한다. 사업을 지속하고 고용을 지키기 위한 노력은 불요불급이 아니라 필요하고 긴급하다. 지금 변하지 않으면 살아남을 수 없기 때문이다.

'회식은 못 하잖아', '회식 안 해도 일 얘기는 할 수 있잖아'라고 이야기하는 사람들은 회식의 효능을 가볍게 보는 사람들이다. 업무 관계로 만나는 타사 직원들과 회식을 하면 인간관계가 깊어진다. 또 상대 회사 직원의 사람됨뿐 아니라 그 회사의 철학과 방향성을 알 수 있다. 나아가 그 회사가 제휴 또는 거래를 해도 되는 상대인지 알아볼 수도 있다.

어느 나라, 어느 시대나 아무리 문화, 풍습, 가치관이 달라도 '사람을 대접할 때는 술자리를 마련하는' 점은 인간의 본능에 가까운 일이다(이슬람 국가는 술이 없지만).

그런데 코로나로 위축된 사람들은 여기까지 사고가 미치지 못하니 정부나 행정기관의 지침과 회사 방침에 따르고, 규칙을 우직하게 지킨다. 그렇게 코로나 대책을 최우선시하며 세월을 보낸다.

그런 탓에 앞으로는 더욱 경제 격차가 커질 것 같다. 앞에서 언급한 것처럼 창업가·경영자·부유층이 적절히 리스크를 관리해 다음 씨앗을 준비한 지금이 일반 서민에게는 '잃어버린 2020년, 2021년'으로 남을 것이 분명해 보인다.

내 인생의 최종책임자는
바로 '나'

우리는 어느 정도 남을 의식하며 살게 된다. 그래서 '다른 사람이 이렇게 보면 어떻게 하지?', '남의 기대에 어긋난 일을 했다가 평판이 나빠지면 어쩌지?' 하는 두려움을 느끼게 되는 것이다. 그런데 이렇게 남의 시선을 의식하는 사람은 바로 당신뿐이다. 요즘 사람들은 남의 일에 별 관심이 없다. 평판은 거의 대부분 자신이 느끼는 긍정·부정 평가의 기우(杞憂)에 불과할 뿐이다.

여기에 하나 더 사람들이 신경 쓰는 건 남에게 거절당하면 어떻게 하나? 하는 자기 부정 상황에 대한 염려이다. 이렇게 자신의 가치가 부정당했다고 느끼게 되면 자연스럽게 '나는 가치 없는 인간 아닌가?' 하고 지나치게 자신 없어 하면서 필요 이상으로 상처받는 마음의 그늘이 지고 만다.

이처럼 남의 시선이나 남의 의사에 신경이 쓰이는 건 다 자신에게 너무 자신이 없기 때문이다. 그야말로 이런 태도는 자신이 생각하기에 따라 얼마든지 사소한 주변 일로 치부해 버릴 수 있는 것들이다. 한마디로 당신이 그렇게 생각하지 않으면 그런 일은 일어나지 않는다.

당신이 그렇게 생각하지 않는다면 아무도 당신의 가치를 부정하지 못한다. 또 당신의 가치를 인정하고 그것을 받아들이는 것 역시 당신만이 할 수 있다. 궁극적으로 당신의 가치를 인정하는 것도 부정하는 것도 모두 당신만이 할 수 있다!

그저 '좋은 사람'으로 보여지기 위해 자신의 의견을 주장하지도 않고 남의 의견에 반박하지도 않고 무조건 남의 의견이나 사고방식에 맞추는 사람들은 남의 평판에 너무 자신을 옭매는 사람들이다. 세상에는 남 보기 좋은 삶, 남의 평판에 좋은 내 삶이란 건 없다. 너무 타인의 평가나 의견에 신경 쓰는 사람은 자신의 인생을 스스로 책임지며 살지 못하고 내 일도 남이 결정해주기를 바라는 마인드로 살아가는 사람들이다. 이래서는 자신만의 주도적인 인생을 만들어 나가지 못한다. 심하게 말하면 이런 사람들은 타인에게 내 삶의 방식을 결정해달라고 의지하는 유아적인 삶의 태도에서 아직 벗어나지 못한 것이다. 인생을 스스로 책임지며 살지 못하기 때문에 자신을 평가하지도 못한 채 남의 시선에 자신의 인생을 맡기는 것이다. 이렇게 살다가는 언젠가는 남들의 비난에 전전긍긍하며 상대가 어떻게 생각할지에만 온통 관심이 가 있는 타인 의존형 삶으로 떨어져버리기 쉽다. 그런 사람에겐 매순간 갈등과 불안감만이 일상을 가득 매울 뿐이다.

인생을 자기 의지로 살아내는
잠재의식을 끌어올리는 방법

　내 인생은 내가 책임지고 내 의지로 살아가는 것이다. 그러기 위해서는 내 안에 있는 잠재의식을 최대한 끌어올리는 최선의 결단이 필요하다. 내 의지로 살아가는 최선의 결단을 하기 위해 오늘부터라도 자기혐오나 자기부정 같은 부정적인 자기 평가를 그만두고 남의 의견을 받아들이고, 남에게 인정받고 싶은 의존적 욕구를 내게서 비워버려라.

　이때 중요한 자세는 단호하게 결단하는 것이다. 앞으로 내가 선택할 결단의 행위엔 '이후로는 결코, 무슨 일이 있어도 절대로 하지 않겠다'는 마음속 단호한 결심이 뒤따라야 하는 것이다. 남에게 자꾸 의지하려고 하는 나에게 지금 필요한 것은 내가 다짐한 결단 이외의 다른 어떤 선택지는 없다는 단호한 자세이다.

　자신의 가치를 인정하고 평가할 수 있는 사람은 오로지 자신밖에 없다. 다른 사람들이 뭐라 하든, 자신의 가치를 최종적으로 평가할 수 있는 최고 책임자는 '나 말고는 없다'는 사실을 절대 잊지 말자.

그럼에도 불구하고 내 인생에서 벽에 부딪치는 일이 생긴다면 그때야말로 '이제는 남들의 평가로 만든 내 셀프이미지를 버려야 할 때가 되었다'는 것을 알아챌 시점이 왔다고 깨달아라. 이때야 말로 내 인생에서 마지막일지도 모를 "내가 정말로 원하는 것은 어떤 인생일까?"를 스스로에게 물어볼 수 있는 잠재의식의 목소리에 귀를 기울일 때이다.

우리는 누구나 내면의 한 구석 방에는 '나만이 되고 싶었던 꿈'이나 '이렇게 살기를 바라는 이상적인 인생 상'이 있다. 물론 어느 날 자신도 모르게 어른이 되고 나서 '아, 내가 바라던 인생이 이게 아니었는데' 하고 후회하는 순간도 찾아오게 마련이다. 하지만 이때조차 여전히 부모가 어떻게 생각할지만 염려하고 있다면 당신의 인생을 책임지는 사람은 당신이 아니라 당신의 부모인 셈이다. 지금까지 그런 식으로 부모의 기대에만 맞춰서 살아왔는데 그 삶이 내가 바라던 삶이 아니라면 어느 날 당신은 부모를 원망하게 될 지도 모른다.

내 인생의 책임은 내가 지는 것이다. 혹여라도 그 책임을 부모를 비롯한 타인에게 전가하려는 마음이 조금이라도 있다면 결코 당신의 잠재의식 속에는 당신을 행복하게 하려는 내면의 동요가 일어나지 않을 것이다. 부모든 타인이든 당신의 인생을 대신 살아줄 수는 없다. 당신이 누군가 다른 사람의 인생을 대신 살아주는 일도 불가능하다. 친한 친구가 진심 어린 충고를 한다 해도, 역시 당신의 인생을 살 수 있는 사람은 당신밖에 없다는 사실을 잊어서는 안 된다.

먼저 경험한 사람의
후회에서 배워라

사고의 시간 축을 늘이기 위한 효과적인 방법의 하나로 '먼저 경험한 사람의 후회에서 배우기'를 꼽고 싶다.

나보다 먼저 산 사람이 내 나이 때에 했으면 좋았을 일, 하지 말았어야 할 일 등을 미리 공부하고 내 삶에 대입해 보는 것이다.

그러기 위해서는 부모님 또는 부모님 세대에 물어보는 방법도 있지만, 필자는 서점에 있는 수많은 수필을 읽어보라고 추천한다.

사실 지금은 부모 세대가 자라던 시대와는 상황과 환경이 전혀 다른 시대이기 때문에 그들의 이야기를 듣는 것만으로는 시야가 넓어지지 않는다.

그래서 아예 다른 환경과 배경, 가치관을 가진 사람들의 후회가 담긴 수필을 다양하게 읽고 그 자리에 자신을 대입해서 생각해 보라는 것이다.

앞에서 언급한 결혼과 출산에 관해서도 마찬가지다. 현재 자신은 결혼과 출산을 하지 않겠다고 생각하고 그 판단에 대해 만족한다고 하더라도 일단 결혼과 출산을 하지 않은 데 대해 후회하는 사람의 이야기를 읽어본다.

그리고 자신이 그 저자와 같은 나이대와 처지에 놓였다고 상상하며 자신은 어떤 느낌일지 생각해 보는 것이다.

사람들은 자기 판단이 잘못되지 않았다고 믿고 싶어 하기에 자신을 긍정해주는 의견은 받아들이고 그렇지 않은 의견은 버리는 경향이 있다.

자기 판단을 정당화하려 들면 '아냐, 난 이대로 괜찮아!'라는 오기까지 부리게 된다. 그런데 다른 이의 후회가 담긴 글을 읽을 때만큼은 '내 가치관도 이렇게 바뀔 수 있겠구나'라고 유연하게 생각해 보아야 한다.

필자도 집을 짓기 전에 '집을 사고 나서 후회한 사람의 이야기'를 읽었다.

수필이 아니라 개인 블로그, 커뮤니티 사이트에 올라와 있는 '집을 사고 나서 느낀 후회·실패담'이었는데, 그 글들을 읽고 나니 '아, 이러이러한 점에 대한 고민을 제대로 해야 하겠구나' 하는 깨달음을 얻을 수 있었다.

콘센트의 위치나 수를 생각해 두지 않은 탓에 '콘센트가 모조리 가구 뒤에 들어가 있거나' '콘센트 개수가 부족한' 일이 발생했다는 경험담이 그 예다.

또 세탁기와 빨래건조대 위치를 미처 생각지 못해 동선이 꼬였다는 사례도 있었다. 세탁기는 1층, 빨래건조대는 2층이라 '빨래를 널기도 힘들고 걷은 다음 다시 1층에 내려놓기도 번거롭다'라는 의견이었다.

채광이 좋아지라고 창을 많이 만들었는데, 밖에서 안이 훤히 들여다보여서 늘 커튼을 닫고 산다거나, 빛이 들지 않아 어둡다거나, 우드 타일을 깔았는데 금세 낡아서 초라해 보인다는 사례도 있었다.

'집은 세 번은 지어야 만족한다'는 말을 들은 적이 있다. 필자는 그나마 이처럼 앞서 경험한 이들의 교훈을 미리 접한 덕에 후회가 적은 집을 지을 수 있었다.

돈이냐, 시간이냐?

시간을 쓰고 돈을 절약할지, 돈을 들여 시간을 아낄지, 어느 쪽이 합리적인지를 꼼꼼히 점검해보는 습관은 생활의 전방위에 영향을 미치고 인생을 크게 갈라놓을 정도로 임팩트 있는 행위다.

가령 귀성 때 '가족 숫자대로 열차표를 사는 것보다는 도로 정체로 시간은 더 걸리지만 자동차가 단연코 저렴하다'라고 생각하는 사람이 있는가 하면, '비용이 들더라도 고속열차로 가면 도중에 책도 읽을 수 있고 시간을 의미 있게 쓸 수 있다'라고 생각하는 사람도 있다.

또 '고속열차를 타면 떠들고 뛰어다니는 아이들 돌보기가 힘드니 자동차가 편하다'라고 생각하는 사람이 있는가 하면, '고속열차는 자동차보다 이동하는 데 느끼는 피로감이 적고 사고 날 걱정도 거의 없다'라고 생각하는 사람도 있다.

요컨대 자기 나름의 합리적인 판단, 즉 시간과 돈에 대한 자기만의 가치를 이해한 뒤에 각자가 받아들일 수 있는 판단을 하면 된다.

단지 '돈이 아까워서'라는 이유만을 들어 자기 시간을 투입한다면 좋은 판단이라 할 수 없다. 왜냐하면 그 시간에 할 수 있는 다른 일을 포기해야 하기 때문이다.

반대로 단지 '귀찮으니까'라는 이유만으로 돈을 쓴다면 그것도 좋은 판단은 아니다. 왜냐하면 그 돈으로 할 수 있는 다른 일을 할 수 없기 때문이다.

자기 시간의 가치, 돈의 가치는 상황에 따라 변하는 법이다.

예를 들어 수억 엔의 거래로 이어질 가능성이 있는 미팅에 늦어질 것 같다면, 택시를 타서라도 시간을 절약하는 것이 맞다. 반면에 퇴근길에는 특별히 급한 일정이 없다면, 교통비도 절약하고 건강을 아낄 겸 가까운 거리는 걸어갈 수 있다.

집에 책장이 필요할 때라면, 가구점에서 기성품을 사서 업자에게 설치를 부탁하는 방법과 직접 재료를 사 와서 만드는 방법이 있다.

중요한 일이 있으면 전자를 선택해서 시간을 아끼는 것이 좋을 것이고, 그렇지 않다면 후자를 선택해서 저렴하게 직접 만들겠다는 판단을 할 수 있을 것이다.

업무가 잔뜩 밀린 상황에서 출장을 간다면, 집중할 수 있는 사무환경을 얻기 위해 고속열차의 특실에 타는 것이 합리적인 판단이다. 하지만 돌아오는 길에는 피곤해서 일할 기운도 없을 테고, 도시락 정도 먹는 것이 할 일의 전부일 것이기 때문에 일반실이면 충분하다.

이처럼 시간이 중요한 상황도 있고 돈이 더 중요한 상황도 있다.

다시 말해 '현재 내 시간의 가치, 돈의 가치'는 일정하지 않고 상황에 따라 변한다는 뜻이다.

그런데도 '돈이 아까워서 택시는 절대 타지 않는다'라거나 '고속열차는 어떤 경우에도 일반실'이라는 자기 고정관념 같은 발상으로 산다면 때로는 아까운 시간을, 때로는 소중한 돈을 잃을 수 있다.

'현재 내 상황을 생각할 때, 돈을 우선시할 것인지 아니면 시간을 우선시할 것인지' 두 가지 축을 냉정하게 생각할 필요가 있다.

목숨과 건강

젊은 사람들은 실감하지 못할 수도 있지만, 필자는 무언가 중대한 결단을 내릴 때 목숨과 건강을 가장 중요하게 생각한다.

나는 남달리 위험한 상황에 민감하다. 그래서 인근에 흐르는 하천이 범람할 것에 대비해 강에 설치된 CCTV 영상을 인터넷에 북마크로 등록해 뒀다가 태풍이나 게릴라 호우가 내리는 날에는 행정기관에서 대피 권고가 나오기 전에 대피할 수 있도록 해당 영상을 계속 주시하는 편이다.

요즘은 게릴라 호우와 태풍의 규모가 커진 데다가 대피 권고나 지시가 늦게 나와 사망자가 상당수 발생하기 때문이다.

행정기관의 판단을 기다리다가는 미처 피하지 못할 가능성이 있다. 그래서 내 스스로 판단해 나와 내 가족을 지키려 하는 것이다.

대피 장소로는 인근 호텔을 생각하는데, 설사 일 년에 다섯 번 피난한다 해도 1박에 만 엔 잡으면 일 년에 5만 엔. 그 돈으로 목숨을 건질 수 있다면 결코 비싸지 않다고 본다.

뉴스에 나오는 사건·사고에도 민감해서 늘 나라면 어떻게 할지 생각하는 버릇이 있다. 스카이다이빙처럼 생명이 위험해질 수도 있는 레저는 즐기지 않는다. 매년 사망사고가 일어나기 때문에 강에서 물놀이하는 일도 없다.

길을 걷다가 비가 내려도 뛰지 않는다. 비 오는 날 지하철 계단을 뛰어서 내려가다가 굴러 떨어진 사람이 머리를 부딪쳐 몸을 움직일 수 없는 사고 장면을 본 적이 있기 때문이다.

횡단보도에서 신호가 바뀌기를 기다릴 때는 도로에서 두세 발짝 물러나 기다린다. 폭주 차량이 인도로 돌진했다는 뉴스를 가끔 보기 때문이다.

건강에 관해서도 마찬가지다. 수면 시간은 절대로 줄이지 않으려 한다. 충분한 수면이야말로 면역력과 집중력을 유지하게 하는 건강의 원천이라고 생각하기 때문이다.

식사를 할 때는 '건강에 분명하게 해를 끼치는 음식은 피한다'라는 관점에서 가능한 한 자연식품·유기농 식품을 선택한다.

하지만 줄곧 의자에 앉아 컴퓨터만 노려보는 생활 탓에 운동 부족에 빠졌고, 49세 들어서는 건강검진에서 고혈압, 지방간, 지질 이상증이라는 진단을 받았다.

고혈압은 심장질환이나 뇌질환, 지방간은 간경변, 지질 이상증은 동맥경화로 이어질 수 있으니 절대 방치하면 안 된다고 해서 생활습관 개선에 힘쓰고 있다.

우선 지금까지 시간 낭비라고 꺼리던 헬스클럽에 가입해 근육 운동과 유산소 운동을 시작했다.

근육량이 증가하면 모세혈관이 늘어나 혈류량이 늘면서 혈압이 떨어지고, 유산소 운동을 해도 말초 혈관의 혈류가 원활해져서 혈압이 떨어진다고 한다. 실제로 혈압은 적정 수치를 되찾았다.

지방간은 유산소 운동을 하면 간에 쌓인 지방이 에너지로 쓰이면서 개선되는 메커니즘이다. 운동을 시작한 뒤 혈액 검사(헌혈 시 간이 검사)를 했더니 간 관련 수치도 정상으로 돌아왔다.

병원이나 치료 약 같은 의료 인프라는 눈에 잘 보이지만, 건강(질병 예방) 인프라는 눈에 잘 보이지 않는다. 그래서 무엇을 해야 할지 잘 모르겠고, 동기부여도 쉽게 되지 않는다.

하지만 눈에 보이지 않는 것이 중요할 때가 의외로 많은 법이다. 그중 하나가 건강이다. 돈과 시간이 들더라도 여기에 자신의 자원을 투입하는 것이 합리적이라고 생각한다.

손해 보험만큼은
필수라고 생각하는 이유

사람은 자기 행동을 통제할 수는 있어도 타인의 행동을 통제할 수는 없다. 내가 아무리 조심해서 운전한다 해도 누군가가 뒤에서 내 차를 들이받을 수도 있기 때문이다.

이처럼 통제할 수 없는 리스크에 대비하기 위한 수단으로 화재 보험이나 자동차 보험 같은 손해 보험은 필수이다.

차량 추돌 또는 접촉 사고가 일어났을 때, 분명히 상대의 과실인데 트집을 잡으며 합의에 응하려 들지 않는 사람, 무보험인 사람이 있다. 이 경우, 울며 겨자 먹기로 양보해야 한다면 너무 억울한 일이다.

얼마 전 고령의 운전자가 돌연 측면에서 돌진해 내 차를 들이박고도 끝까지 버티는 바람에 노상에서 무척 당황스런 상황에 처한 적이 있다. 상대편 보험 회사도 보험금 지급액을 최대한 깎으려 들면서 과실 비율이 5대 5라고 우겼다.

화가 나서 교통사고 분쟁 처리 센터로 가져가 철저히 따졌다. 그 결과, 8대 2의 과실을 인정받고 보험금을 받을 수 있었지만, 제대로 보험금을 받는 과정이 몹시 성가셨다.

그 후로는 차를 사면 일단 앞뒤로 블랙박스를 설치하곤, 바로 '변호사 특약'을 들었다.

이렇게 하면, 일단 나만 안전하게 운전한다면 리스크를 어느 정도 피할 수 있기 때문이다.

또 차를 몰다 보면 횡단보도에서 마치 '나는 보행자니까 내가 우선이야! 차량이 양보해!'라고 주장하듯이 자동차 쪽은 쳐다보지도 않고 길을 건너는 사람을 볼 수 있다. 그런 식으로 주의를 포기하는 것은 허영심 때문이라고밖에 달리 이해할 도리가 없다.

마찬가지로 이어폰을 귀에 꽂고 스마트폰을 보면서 걷거나 자전거를 타는 사람도 있다. 위험을 감지하고 피할 수 있는 시청각적 주의를 모두 포기하다니 나 같으면 겁이 나서 도저히 할 수 없는 행위다.

필자는 집에 대해 화재 보험에 가입하면서 개인 배상 책임 보험에도 가입했다.

이는 가령 아이가 자전거를 타다가 보행자와 부딪혀 상처를 입히는 등 가족 중 누군가가 타인에게 손해를 입혔을 때 보험금을 받을 수 있는 상품이다.

'일어날 확률은 낮지만, 만약 일어난다면 자기 힘으로 대처할 수 없는 리스크'에 대해서는 보험으로 대비한다는 전제를 세운 것이다.

나에게 중요한 요소를
정확히 가려내기

　누가 봐도 수긍할 수 있는 결단을 내리려면 올바른 생각을 해야 하고 그러기 위해서는 시간과 에너지가 든다.

　그래서 사소한 것까지 다 신경 써 온갖 일들을 다 자신이 판단하려 하지 말고 더 본질적이고 중요한 사안에 자신의 자원을 집중해야 한다.

　자신만의 중요한 결단에 에너지를 집중하려면 중요하지 않은 결단을 줄여야 한다. 중요하지 않은 결단이란 자기 삶의 전환이나 변혁에 도움이 되지 않는, 사소한 일상생활에 관련된 결단을 말한다.

　예컨대 필자의 직업은 남의 눈에 노출되는 종류의 일이 아니기에 '오늘은 어떤 옷을 입을까?'라는 고민은 시간과 에너지의 낭비다. 그래서 매일 같은 옷을 입는다.

　즉 옷을 고르는 판단을 포기하고 판단력이 필요 없는 습관적인 행위를 하는 것이다. 물론 여름에는 땀을 흘리니까 여러 장을 돌려가며 입는다.

하지만 배우나 모델처럼 남의 눈에 드러나는 일을 하는 사람은 '오늘 어떤 옷을 입을지'에 관한 판단은 본인의 브랜딩과 관련된 매우 중요한 사항이기에 이 점을 놓고 고민하는 데 자원을 투입하는 것이 올바른 자원 분배 방식이라고 할 수 있다.

또 내 직업이 전방위적으로 트랜드를 좇는 일이 아니기 때문에 나에게 중요하고 필요한 영역만 업데이트하고 그 외의 것은 지금까지 확립된 방식을 바꾸지 않고 사는 편이 효율적이다.

내가 업데이트할 분야를 축약해야 줄인 만큼의 여유시간이 생겨서 가족이나 건강을 챙길 시간을 낼 수 있고, 나의 한정된 시간을 나 자신에게 중요한 영역에 더 많이 배분할 수 있는 것이다.

이것은 바로 삶의 중점을 어디에 둘 것인가 하는 '균형'에 관한 이야기이며, 무엇을 잘라내고 무엇을 건너뛰며 어디에 집중할 것인가 하는 '우선순위 매기기', '선택과 집중'에 관한 이야기다.

가령 필자는 중요한 영역을 아래 내용처럼 설정한다.

나와 가족을 이롭게 하는 분야

일 / 저작 관련 · 강연 · 창업 · 농업 · 인터넷 비즈니스 ·
선진 비즈니스 모델 · 첨단기술

투자 / 자산 운용…부동산 · 주식 · FX · 태양광 · 가상화폐

경제 / 경제 정책 · 재정 정책 · 금융 정책

육아 / 교육…발달심리학 · 교육 프로그램 · 첨단 교육 사례

나와 가족을 지키는 분야

세제 / 절세 대책 · 절세 상품 · 세제 개정

법률 / 민법 · 형법 · 아동복지법

사건 · 사고 · 재해 / 살인 · 상해 · 교통사고 · 사망사고 ·

자연재해 · 자율 운전 기술

건강 / 식품 · 영양 · 운동 · 근육 운동

이렇게 설정한 이유는 이 리스트가 나와 가족의 행복에 도움이
될 것으로 생각하기 때문이다.

'나와 가족을 이롭게 하는 분야'는 대부분 돈과 관련된 것이다. 사
람이 겪는 문제는 대부분 돈으로 해결할 수 있으니 당연히 중요한
분야다.

교육은 내가 아니라 아이들을 위한 것인데, 우리 아이 인생의 선
택지를 넓히기 위해서는 빼놓을 수 없는 중요한 분야이다.

'나와 가족을 지키는 분야'는 우리가 불리해지지 않도록 하고, 손
해 보지 않도록 하고, 타인으로부터 나쁜 영향을 받지 않도록 하고,
문제가 생기더라도 해결할 수 있게 하는 방편이다.

특히 법치국가인 일본에서 살아가려면 법률 지식은 절대적으로
중요하다.

또 목숨과 건강의 수호는 앞에서도 언급했듯이 기본적이면서도
가장 중요한 주제다.

물론 시대 환경이 바뀌면 나 자신의 흥미와 관심도 달라지겠지만, 현재는 이렇게 설정해 놓고 있다.

이 외의 영역, 예를 들어 연예인이나 유명인에 관한 내용은 완전히 관심 밖이다.

이 원고를 집필 중인 2021년에는 코로나바이러스와 관련해 긴급사태 선언이니 백신이니 또는 도쿄올림픽과 관련한 정부 관계자의 여성 비하 발언과 무관중 개최 등의 뉴스가 세상을 떠들썩하게 하고 있는데 그쪽도 관심 없다.

남의 이론을 모방하는
수준에서 벗어나기

이렇게 나만의 축을 명확하게 세우고 살다 보면 부수적으로 좋은 일도 생긴다. '나에게 필요한 텍스트는 그때그때 내가 직접 만들어 쓰자'라는 동기부여가 확실히 된다.

필자는 사고방식과 가치관을 대부분 독서를 통해 형성했다고 해도 과언이 아닐 정도로 책에서 큰 영향을 받았다. 그래서 독서는 행복으로 직결된다고 굳게 믿는다.

20대 때부터 30대 때까지는 '책벌레'처럼 매년 100권도 넘게 읽었다. 한 권씩 읽을 때마다 내 사고회로의 수준이 높아지는 느낌이었다. 그래서 나는 지금도 만나는 모든 이에게 독서를 강력히 추천한다.

하지만 요즘은 독서량이 많이 줄었다.

이렇게 책을 쓸 때는 정보 수집을 위해 읽지만, 어떻게 보면 그것은 경쟁자에 관한 연구나 관련 자료를 수집하는 행위에 불과하다. 예전처럼 못 하는 이유는 이미 내가 생각하는 이상적인 생활을 하고 있기에 더는 책에 의지할 필요가 없어서다.

사실 금전적, 시간적 여유가 충분하고, 불안과 고민이 없고, 곤란한 일이 생겨도 자력으로 대처할 수 있는 능력과 자신감마저 있으니 책에서 얻을 수 있는 힌트는 적어졌다. 그런 탓에 감명 깊게 읽는 책은 연간 한 권에서 두 권 정도다.

한번 자신이 100억 엔짜리 복권에 당첨되었다고 상상해보자. 100억 엔이나 가지고 있으면 금리 1%짜리 정기예금에만 넣어도 이자 수익이 연간 1억 엔이나 된다.

실제로는 세금이 원천 징수되니 실수령액은 8천만 엔이지만, 일하지 않아도 매달 6백만 엔이나 쓸 수 있다는 계산이 나온다(게다가 원금은 보전된다).

그런 상황이라면 '결단을 잘 내리고 싶은 사람을 위한 책' 따위를 읽을까? 메모하기 비법이나 시간 쪼개기 비결에 관한 책을 읽을까? 더 이상 책 읽을 필요를 못 느낄 것이다.

특히 비즈니스 자기계발서는 현재 자신이 안고 있는 숙제가 있고 스스로 해결할 방법을 찾지 못할 때, 힌트를 찾으려고 읽는 것이니 그런 고민이 없다면 굳이 책을 읽을 필요가 있겠는가.

따라서 일상의 많은 문제를 미리 막을 수 있거나 자력으로 해결할 수 있고, 전문적인 내용은 그 분야 전문가에게 돈을 내고 의뢰해서 해결할 수 있게 되면, 남에게서 힌트를 찾을 필요가 없다.

그렇게 되면 자신이 맞닥뜨린 벽이나 과제를 해결할 방법은 외부에 있지 않고 자기 안에 있다는 사실을 깨닫게 된다. 즉 사고력이나 정신력의 문제로 변하는 것이다.

그래서 필자는 나에게 필요한 텍스트는 내가 스스로 만들어 쓰겠다는 발상의 전환에 이르렀다.

도중에 전문서적이나 논문 등을 찾아보기도 하지만, 있는 그대로 적용하지 않고 내 성격과 상황에 따라 그때그때 수정해서 내가 제대로 쓸 수 있는 도구로 승화시키려 한다.

정부는 '재학습'이라는 이름으로 대학 재입학이나 사회인의 대학원 입학을 권장하지만, 필자는 지금 단계에 와서는 그런 식의 재학습을 생각해 본 적이 없다.

이공계 분야에서 연구하는 사람이라면 예산과 설비가 보장된 대학과 대학원이 유용하겠지만, 지금 내 경우엔 남이 만든 이론을 따라 한들 별 의미가 없다. 이에 더해 대형 강의실에서 유명 강사의 수업을 듣는 것은 지금으로선 내 지성의 획득에 도움이 되지 않을 것 같다.

물론 앞서 말한 대로 법률이나 세금, 신체적 문제는 전문가에게 배우고, 그들의 의견을 존중한다.

법체계와 의료, 의학 분야는 오랜 연구 등에 의해 어느 정도 확립되었기에 이 책에서 다루는 판단 영역과는 차원이 다른 지점이다.

예컨대 법률로 정해져 있는 사항에 대해 '나는 이렇게 생각하니까' 같은 이유를 대면서 마음대로 정해 버리면, 위법으로 분류되어 처벌을 받을 수도 있다.

암 등의 병도 표준 치료 방침이 확립되어 있는데 '됐어요! 나는 서양의학 말고 대체의학으로 고칠 게요' 하고 무시해 버리면 자기 수명만 단축할 우려가 있다.

건축에는 구조 계산이 필요하고, 전기 공사나 프로그래밍도 이론을 무시하면 좋은 결과를 낼 수 없다.

하지만 그 외 대부분의 학문 분야에서는 체계적인 배움과 개인의 행복은 큰 관련이 없는 것 같다.

오히려 지식에 접근하는 방법이나 문제 해결을 위해 지식을 조합하는 방법 등 지식을 제대로 다루는 힘을 연마해야 지식을 두루두루 써먹을 수 있다.

그래서 필자는 현재 공적인 자격을 취득하겠다는 생각도 없다. 실무에는 암기가 필요 없고 종이 시험을 봐서 합격점을 받을 필요도 없기 때문이다. 게다가 윗사람이 정한 업무 범위를 따르며 사는 삶에는 자유가 없다. 필요하다면 그러한 자격을 갖춘 사람에게 의뢰하면 된다.

나에게 '학습, 공부, 학문'이란, 자신의 경험을 분석하고 거기서 교훈을 추출해 자기만의 오리지널 텍스트를 만드는 일, 즉 자기만 쓸 수 있는 생존전략을 세우는 일이다.

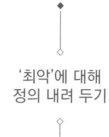

'최악'에 대해
정의 내려 두기

　비즈니스상의 의사 결정은 비교적 단순하다. 앞서 언급한 대로 비용과 이익, 또는 리스크와 리턴을 비교해 이익이나 리턴이 크면 Yes, 그렇지 않으면 No를 고르는 일이므로 취향 따위의 감정과는 무관하다.

　물론 현실적으로는 상사의 취향, 사내 분위기, 조직 내 타인에 대한 배려 같은 여러 사정이 작용할 것이다. 하지만 최종적으로 결제하는 사람은 사장이다. 그 외 조직원은 해당 판단이 합리적이라면 더 복잡하게 고민할 이유가 없다.

　그러나 개인 차원의 판단은 '실패하면 어쩌나?', '주위에서 비웃으면 어쩌나?' 같은 '감정'에 좌우되는 경우가 많다.

　감정이야 원래 끓어오르기 마련이지만, '감정에 휩쓸려서는' 안 된다. 그러면 도전에 적잖은 장애가 생기기 때문이다.

　감정 때문에 일을 망치고 싶지 않다면 최악의 사태를 미리 정의 내려 두면 된다.

'절대 만들고 싶지 않은 사태는 이런 사태', '이런 상황은 재기 불능'이라는 식으로 말이다.

참고로 필자는 '최악의 상황'을 이렇게 정의해 둔다.

1. 나 또는 내 소중한 사람이 죽는 상황
2. 타인을 죽음으로 몰아넣는 상황
3. 5년 이상의 금고형에 처하는 상황

그리고 이 세 가지를 기준으로 삼아서 일을 진행할지 말지를 판단한다.

첫 번째 항목을 설정한 이유는 일단 내가 죽으면 모든 것이 끝이기 때문이다. 재기고 뭐고 불가능하다.

하지만 살아만 있으면 어떻게든 다시 시작할 수 있고 좋은 일도 일어날 수 있다.

이는 가족도 마찬가지다. 그래서 나는 앞에서 말한 것처럼 강가에서는 나와 가족이 목숨을 잃을 수도 있기에 물놀이를 하지 않는다.

두 번째 항목을 설정한 이유는 나로 인해 타인이 목숨을 잃으면 마음에 큰 상처를 입고 트라우마가 남기에 정신적으로 재기하기 어려울 것으로 상상할 수 있기 때문이다.

그래서 필자는 특히 교통사고의 가해자가 되지 않도록 최신 안전 지원 장치가 장착된 차량을 고를 뿐 아니라 앞뒤로 블랙박스를 설치하는 등 늘 안전 운전에 유의한다.

　세 번째 항목은 잃어버릴 세월, 사회에 줄 피해를 생각했을 때 마음속 부담이 너무 클 것 같아서다. 그래서 나는 단순한 사죄로는 깨끗이 속죄할 수 없는, 위법성이 큰 일은 절대 하지 않으려 한다.

　또 '내 가족의 생명을 지켜야 하는' 상황이 아니라면 타인에게 폭력을 행사하지 않는다는 원칙을 세우고 있다. 내가 나를 지키기 위해 정당방위를 행사하더라도 대부분 과잉 방어라 해서 상해죄 처분을 피할 수 없기 때문이다. 하지만 가족을 지키기 위한 상황은 예외다.

　그 외의 일은 내게 최악이 아니다. 왜냐하면 다른 일은 얼마든지 만회할 수 있기 때문이다. 돈이 없으면 다시 벌면 된다. 빚을 갚지 못하면 파산할 수도 있다. 더 나빠지면 생활 보장 제도도 있다. 거기서부터 다시 시작하면 된다고 생각한다. 필자는 이런 사고방식을 가지고 있기에 그 어떤 일에도 도전할 수 있다.

　나를 따라 하라는 말이 아니다. 자신이 '이런 상황만은 피하고 싶다'라고 생각하는 수준을 정해 두면 도전할 수 있는 폭이 넓어질 것이라는 의미다. 그런데 사실 일상에서 그만큼 엄청난 결단이 요구되는 상황은 잘 일어나지 않는다. 그래서 '최악에 준하는 상황'도 다음과 같이 설정했다.

- 나 또는 내 가족의 큰 부상
- 큰 병

- 가족과의 이별
- 타인에게 큰 상처를 입히는 상황
- 소송에서 명백히 질 만한 죄를 범하는 상황
- 지금까지 쌓아온 재산을 모두 잃을 상황

그리고 내가 어떤 결정을 해야만 하는 상황일 때, 그 결과가 이같은 '최악에 준하는 상황'으로 이어질지를 따져 본다.

그러면 내 결정의 결과가 대부분 거기까지 이어지지는 않을 테니 '신경 쓸 필요 없다'는 결론을 내리고 두려움 없이 자신만만하게 일상을 살아갈 수 있는 것이다.

설사 학부모들 사이에서 눈총을 받더라도, 학교에 무리한 요구를 하는 몰상식한 학부모 취급을 받더라도, 내일 프레젠테이션을 망치더라도, 시험 성적이 나빠도, 마음에 들지 않는 상사와 험악한 분위기까지 가더라도, 회사에서 해고되더라도, 회사 선임에게 무시당하더라도, 오랜 친구와 다툰 끝에 멀어졌더라도 '최악' 또는 '최악에 준하는 상황'에는 해당하지 않는다. 따라서 방황할 이유가 없는 것이다.

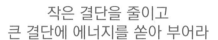

작은 결단을 줄이고
큰 결단에 에너지를 쏟아 부어라

앞에서 '중요한 결단에 에너지를 집중하려면 중요하지 않은 결단을 줄여야 한다'라고 강조했다. 여기에 관해 조금 더 이야기해 보자.

예컨대 '새 냉장고는 어떤 제품으로 살까?' 하는 문제는 굳이 여러 사람이 나서지 않아도 된다. 모든 일에 자신이 직접 나서서 무언가를 정한다는 것은 어찌 보면 비효율적이므로 직접 정해야 하는 것과 그렇게 하지 않아도 되는 것을 구별할 필요가 있다.

더 중요한 결단에 에너지를 집중하기 위해 삶에 절대적인 변화를 가져오지 않는 작은 결단은 버려야 한다.

스티브 잡스는 늘 검은색 터틀넥, 청바지에 스니커즈 스타일을 고수하기로 유명했다.

또 페이스북(Facebook)의 CEO 마크 저커버그(Mark Zuckerberg)는 페이스북의 공개 질의응답 페이지에서 '당신은 왜 매일 같은 셔츠를 입는가?'라는 질문을 받고 다음과 같이 답했다.

"나는 우리 공동체(페이스북 사용자들)에 공헌하는 데 관한 결단 외에는 가능한 한 하지 않으려 한다. 무엇을 먹고 무엇을 입는가 하는 반복적이고 사소한 결단에도 엄청난 에너지가 소모된다. 이를 뒷받침하는 심리학 이론적 근거는 매우 많다.

일상생활의 사소한 일에 에너지를 너무 집중해버리면 정작 내 일을 하지 않은 것 같은 느낌이 든다. 최고의 서비스를 제공해서 10억 명 이상의 사람들을 이어주는 것이 내 할 일이다. 좀 이상하게 들릴지 모르지만, 그게 내가 같은 셔츠를 입는 이유다."

버락 오바마(Barack Obama) 전 미국 대통령도 "나는 늘 회색이나 감색 정장을 입는다. 이렇게 하면 결단할 일이 줄어든다. 내게는 무엇을 먹을지, 무엇을 입을지 외에도 결단해야 할 일이 산더미처럼 쌓여 있다"라는 말을 한 적이 있다.

이들은 한결같이 입을 모아 '결단의 수를 줄인다'라고 말했다.

그들은 사소한 결단도 그 횟수가 반복되면 에너지가 소모되어 크고 중요한 결단을 할 때 정밀도가 떨어진다는 사실을 알고 있다.

그래서 생활을 단순화하여 결단의 수를 줄임으로써 정말 중요한 판단에 집중하려 했다. 그것이 목적을 달성하고 행복해지는 데 도움이 된다.

중요한 것을 하기 위해서는 돈과 시간, 사고력을 아껴두어야 한다. 행복해지는 데 도움이 되지 않는 사소한 판단 · 결단 · 의사결정은 애초에 '생각하지 않고', '결정하지 않는' 편이 효율적이다.

또 '해야 하는' 일도 줄이는 것이 좋다. 왜냐하면 '이걸 해야 해',

'저걸 해야 해', '잊으면 안 돼' 같은 생각이 뇌의 사고 영역을 차지하면 그런 생각에 집중력을 쏟지 않았을 때보다 현저하게 집중력이 떨어지기 때문이다.

그러므로 일상생활에서 '생각하지 않고도 할 수 있는 일'이 많으면 좋다. 그런 의미에서 꼭 해야 하는 일을 어떻게 하면 자동화 · 패턴화 · 루틴화 할 수 있을지 연구해 보기를 권한다.

시스템화 · 자동화

　우리가 일상생활에서 잘 쓰는 시스템화 · 자동화의 사례는 전기료나 휴대전화 요금 등 고정 지출 항목에 대해 '자동 이체' 또는 '신용카드 납부'를 신청해 두는 방법을 들 수 있다.

　우편으로 도착한 지로 용지를 보고 날짜에 맞춰 돈을 내는 행위는 액수가 작아도 스트레스를 유발한다. 게다가 기한을 놓치거나 납부 사실을 잊어버리면 예상치 않은 불이익도 감당해야 한다. 그래서 필자는 공과금은 대부분 자동 이체나 신용카드 납부를 이용한다.

　세금도 계좌이체를 이용한다. 다만, 부동산 보유에 대해 부과하는 일본의 '고정자산세'는 계좌이체를 받아주지 않는 지자체가 있어 매년 편의점에 가서 내는데, 이는 꽤 번거롭다*. 자산 운용도 자동화한 상태다. 소액 적립식 투자 상품과 확정 거출 연금뿐 아니라 금과 암호화폐 적립 투자까지 내가 따로 챙기지 않아도 자동으로 투자되도록 해 두었더니 아주 편리하다.

* 일본은 제세공과금을 내는 직접 창구로 은행과 편의점을 이용한다.

쇼핑도
구독으로

최근 구독경제 기반 비즈니스 모델이 대세로 떠오르고 있다. 판매자에게는 매월 또는 매년 정기적인 수입원이 되어준다는 커다란 장점이 있다.

그런데 구매자에게도 지출 금액이 고정되므로 마음 놓고 소비할 수 있다는 점이 장점이다. 예를 들어 매달 일정 금액에 다양한 임대 주택을 옮겨가며 살아볼 수 있는 서비스도 있다.

무한 리필 식당이나 무한 리필 술집 등은 많이 먹고 마시는 사람에게는 가격이 적게 드는 편이다. 필자도 아이들을 위해 아마존 프라임에 가입해서 기저귀 등의 정기 배송과 동영상 무제한 감상 서비스 등을 애용 중이다.

또 쇼핑 횟수도 최대한 줄일 수 있도록 정기적으로 채워 넣어야 하는 가정 내 소모품은 '대량 구매' 또는 앞서 나온 '정기 배송'을 이용하고 있다.

대량 구매하는 물품은 '반드시' 쓰게 되어 있고 소비 기한이 따로 없는 것, 예를 들어 두루마리 화장지나 티슈, 세탁 세제, 섬유유연제 등이다.

늘 쓰는데 부피가 크고 무거운 물건은 택배로 대량 구매하는 것이 편하다.

그렇게 하면 배송료도 아낄 수 있고 평소 재고 소진을 걱정할 일도 없어진다.

그뿐 아니라 자연재해가 일어났을 때 사재기 소동이 일어날 수 있는데, 집에 물건이 충분히 있으면 그런 소동에 휘말릴 일도 없다.

정기 배송은 '남으면 안 되는 물건', '소비 기한이 있는 물건'에 이용하는데 예를 들면 생수나 재해 비축용 컵라면 등이다. 그 밖에도 종이 기저귀(아이가 성장함에 따라 크기가 바뀌므로)와 분유가 있다.

이렇게 해두면 일일이 '물건이 떨어져 가니까 채워야 한다'는 생각에 에너지를 소모하지 않아도 된다. 아무리 생필품이라지만, 인생을 좌지우지하지 않는 것들에 지배당할 일이 없어지는 것이다.

루틴화

루틴화란, 쉽게 말하자면 습관 들이기다. 꼭 해야 하고 중요한 일이지만, 일일이 기억해 둬야 한다거나 달력 일정에 기록해야 하는 항목을 줄이기 위한 것이다.

예를 들어 필자는 원칙적으로 매일 오전 중 두세 시간은 글 쓰는 일에 전념한다. 요일이나 명절, 연말연시와도 무관하게, 여행을 가서도 아침 몇 시간은 꼭 글을 쓴다. 이는 이미 규칙적인 일상으로 자리 잡은 지 오래다.

그리고 한 번의 노동으로 여러 번의 수익을 올릴 수 있도록 판매 방법도 루틴화 하고 있다.

가령 서적 의뢰가 들어오면 처음에는 유료 온라인 소식지로 내용을 선행 공개하고, 책이 나오면 책에 미처 싣지 못한 원고를 인터넷에 칼럼으로 공개하며, 발매 후 시간이 지나 절판되고 나면 전자 서적으로 꾸미거나 편의점 전용 서적으로 제안하는 로드맵을 진행하고 있다.

이렇게 해서 '유료 온라인 소식지 판매 수입', '서적 인세', '칼럼

원고료', '전자 서적'에 이르는 사중 수익 구조를 만드는 것이다.

운동도 마찬가지다. 앞에서 잠시 언급했듯이 건강검진 결과에 따라 의사에게 운동하라는 조언을 들은 다음부터는 일주일에 4~5일은 헬스클럽에 다니고 있다. 건강에 대한 투자도 나에겐 중요한 일이라고 판단하고 정기 휴일이나 아이들과 노는 일요일을 빼고는 하루도 거르지 않고 다닌다.

내가 다니는 곳은 개인이 자유롭게 운동하는 셀프 트레이닝 클럽이기 때문에 일단 매일 간다는 원칙을 세워 놓으면 일정표에 적을 필요도 없고, 트레이너와 약속할 필요도 없다.

근육 운동도 초기에는 이것저것 시행착오를 거쳤다. 하지만 대회에 나가는 것도 아니니 '이 악물고 하기'보다 '지속하기'가 중요하겠다고 생각을 바꾸었다. 그때부터는 매일 빠뜨리지 않고 운동을 하는 데 목표를 두고 종목과 횟수를 정해 두고 목표한 대로 실천하고 있다.

특히 건강관리는 지속적으로 관리하는 것이 중요하기 때문에 하다못해 집에서는 화장실에 갈 때마다 양치질하는 습관도 들이려 노력한다. 나는 대소변 모두 앉아서 보기 때문에 동시 처리가 가능해서 양치질도 빼먹을 걱정이 없다.

그 외에 연 3회 치과 검진은 치과에서 검진을 알리는 엽서를 보내주기 때문에 그때마다 바로 예약을 한다. 연 3회 헌혈도 내가 가능한 날로 약속한 날이 되기 이삼일 전에 문자로 알림을 받고 있다.

시간을 들일 일과
들이지 않을 일을 구별하라

직장인들이 저지르기 쉬운 착각이 몇 가지 있다. '회의에 참석만 해도 일한 느낌', '온종일 메일에 답장만 해도 할 일을 다 한 기분'이 든다는 것이다.

자영업자로 바꿔 말하면 SNS에 글을 올리고 타인의 포스팅에 '좋아요'만 눌러도 오늘 할 노력을 다한 것으로 착각하는 것이다.

사실 그것만으로는 아무런 성과도 오르지 않는데 뭔지 모르게 애쓴 것 같아서 스스로 만족해 버리기 쉽다.

이런 현상을 막으려면 어디에 시간을 들이고, 어디에 시간을 들이지 말아야 할지를 성과 지향적인 관점에서 철저히 점검해야 한다. 의식적으로 접근하지 않으면 바쁜 일상에 빠져 늘 같은 일상을 반복할 수 있다.

결단도 마찬가지다. 시간을 들여 결정해야 할 사안, 즉석에서 정해도 문제없는 사안을 구별할 필요가 있다. 그렇지 않으면 인생에 아무 영향을 미치지 않는 일에까지 에너지를 낭비할 우를 범할 수 있기 때문이다.

필자는 노트북이나 프린터를 교체할 때는 여러 측면을 고려해서 신중하게 사지만, 세탁 세제나 섬유유연제는 매번 정해진 기업의 정해진 제품만 산다.

노트북이나 프린터는 일의 생산성과 편의성에 영향을 주기 때문에 사용하기 어려운 물건은 피하려 한다. 그러므로 시간을 많이 들이는 것은 일종의 선행 투자다.

그러나 세탁 세제나 섬유유연제는 어떤 것을 골라도 크게 다르지 않으니 값싼 PB 제품이라도 충분하다. 이 문제로 고민하는 것은 시간과 에너지의 낭비라고 보기 때문이다.

또 아이가 유치원에 들어가지 못해 대기 아동이었던 시기에는 베이비시터를 고용했고, 지금도 집 청소는 도우미에게 맡기고 있다. 우리 집은 부부가 모두 자영업에 종사하므로 가사보다는 일에 시간을 들이는 편이 낫다고 판단한 것이다.

그래도 우리가 직접 하는 일이 있는데 아내는 요리, 나는 세탁을 맡는다.

아내는 요리를 좋아하는 데다가, 자신과 가족이 먹을 음식은 직접 만들고 싶다고 해서 요리를 골랐다.

내가 세탁을 맡은 이유는 일에 지친 오후에 기분 전환이 될 뿐 아니라, 옷을 개어 정리해 두면 나와 아이들 옷이 어디에 있는지 알 수 있으니 나중에 찾는 수고를 덜 수 있어 편하기 때문이다.

사람마다 다르겠지만, '자신이 시간을 들일 의미가 있는' 일에만 집중하고, 그렇지 않은 일은 과감히 판단을 포기하는 것도 일을 잘할 수 있는 중요한 비결이 아닐까 한다.

대체적으로 일반인들이 '자신이 시간을 들일 의미가 있는 일'들은 대략 다음과 같다.

- 자신만의 전문적인 식견이 들어가야 업무의 완성도가 높아지는 일.
- 가족이나 가까운 친척에게 중요하고 이익이 되는 일.
- 자신의 존재 이유가 살아나는 일이나 봉사활동, 인문교양 학습.
- 소중한 사람이 기뻐하거나 즐거워하는 일이나 취미활동.
- 금전적으로나 재산의 형성을 위해 꼭 해두어야 할 경제적인 일들.
- 회사나 학교, 연구소 등에서 중요하게 여기는 업무나 연구, 교육 관련 업무.
- 아주 소중한 연인이나 친구, 친한 이웃에게 긴요하게 필요한 정보, 지식, 업무 등.
- 배우자나 자녀에게 꼭 필요한 일, 정보, 행사를 계획하거나 준비하는 사안.

스스로 결정하지 않으면
남에 의해 결정된다!

Chapter 4

결단의 힘으로 인생을 개척하라

과거의 판단을
되짚어보라

　우리는 매번 눈앞에 나타난 수많은 선택지 중 하나를 선택했고 그 선택의 결과가 모여 현재를 이루었다. 그러니까 자신의 현재 상태는 과거에 내린 판단이 쌓이고 쌓여 만들어진 것이다.

　그러니 만약 여러분이 자신의 현재 상태를 순순히 받아들일 수 있다면 지금까지 내린 판단은 대체로 적절했다는 뜻이다.

　반대로 현재가 그리 만족스럽지 못하고 불만, 불안, 고통으로 가득 차 있다면 과거의 판단이 적절하지 않았을 가능성을 의심해 보아야 한다.

　물론 자신이 상황을 어떻게 받아들이는가 하는 문제와도 관련이 크지만, 이마저도 지난 시간의 축적 위에 형성되는 것이므로 지금부터 판단하는 방법을 바꾸면 상황에 대한 느낌도 바뀔 가능성이 있다.

　과거의 판단을 되짚으려 할 때, 보통은 후회스러운 경험이 가장 먼저 떠오를 것이다.

'내가 그때 왜 그랬을까?', '내가 그때 왜 그것을 하지 않았을까?'를 꼼꼼히 헤아려보면 자신의 행동 원리를 이해할 수 있어 커다란 교훈을 얻을 수 있다.

이를테면 집을 샀을 때, 차를 바꿨을 때, 결혼이나 이혼을 결심했을 때 등등. 만약 지금 적잖은 후회와 자책이 남아있다면 그때는 어떤 근거로 그런 판단을 내렸기 때문에 후회할 일이 됐던 건지, 그때 어떻게 했으면 좋은 결과를 낳을 수 있었던 것인지를 찬찬히 돌이켜 보자.

이 같은 반성의 복기를 하다 보면 다음에는 더 적절한 판단을 할 수 있고, 자신의 성향을 알기에 더는 불리한 상황을 만들지 않게 된다.

쑥스럽지만, 내 연애 경험만 해도 그렇다. 대학 때 처음 사귄 여자 친구에게 실연당했을 때 나는 꽤 깊이 낙담했다.

실연의 원인은 내가 항상 "뭐 해? 어젯밤에 집에 없더라? 어디 갔었어? 왜 나 안 만나줘?"라고 조르면서 스토커처럼 달라붙었기 때문이다. 이처럼 집요한 연애 스타일에 상대는 무척 부담스러워했다 (아마 그랬을 거라고 내 나름대로 정리했다).

그 뒤로는 상대의 사정 존중하기, 상대의 에너지에 내 에너지를 비슷하게 맞추기, 안달복달하지 않기, 듣는 데 집중하면서 상대를 있는 그대로 받아들이기, 상대의 문자에 바로 답 보내기, 하지만 내가 보낸 문자에는 바로 답이 오지 않더라도 재촉하지 않기 등 가능한 한 내 감정을 제어하려고 노력했다.

필자는 얼굴이 TV에 나오는 개그 콤비 '폭소 문제'의 오타 히카리(太田光)를 닮았다는 말을 자주 듣는다. 잘생긴 얼굴이 아니라는 뜻일 텐데, 그래도 남들처럼 연애도 하고 결혼까지 할 수 있었던 이유는 실연을 통해 배운 바를 교훈으로 삼았기 때문이다.

또 하나, 필자는 한때 공인 회계사 시험을 준비하다가 실패한 적이 있다.

그때의 경험을 돌이켜보면, 당시에 어렴풋이 느꼈던 나 자신의 특성을 지금은 꽤 정확히 이해하고 있다.

그것은 바로 '아슬아슬한 상황에 내몰리면 남보다 쉽게 좌절'하는 것이다.

시험이 7월이었고 그때는 분명 5월 무렵이었다. 앞으로 두 달밖에 남지 않았는데 나는 제대로 공부가 되어 있지 않았다. '틀렸다'라는 생각이 들면서 모의고사도 보러 갈 수 없었고 시험 당일까지 그저 망연자실한 상태로 지냈다.

필자와 비슷한 사람이 적지 않다고 생각한다. 마감 등 시간제한이 임박해 오면 '너무 늦었다'라는 조바심이 머릿속에 들어차서 지레 포기해 버리는 경우가 의외로 많은 것이다.

필자는 그 시험에 실패한 뒤부터는 '방대한 업무를 기한 직전까지 미루는' 상황은 아예 만들지 않는다.

그래서 이렇게 책을 집필할 때도 원고를 약속한 마감시한보다 훨씬 일찍 편집자에게 넘겼다.

인터넷 칼럼 같은 수천 자 정도의 글은 며칠 미루다가도 괴력을 발휘해서 깔끔하게 써낼 수 있지만, 그건 어디까지나 적당히 긴장하기만 해도 처리할 수 있는 분량이기 때문이다.

하지만 책처럼 수만 자에 이르는 방대한 글은 며칠 긴장한다고 끝낼 수 있는 일이 아니다. 미루다가 사과하고 책임질 일을 만들고 싶지 않다.

그래서 여유 있게 일정을 잡은 뒤, 매일 일정 시간을 집필에 투자하기로 나 자신과 약속했다. 그리고 혹시 원고가 늦어지더라도 간행 시기를 늦춰 줄 수 있는 유연한 편집자와 일을 잡는다(미안해요. 그런 사정이 있었어요).

승부수를 띄울 곳을
정해야 한다

그렇게 되짚어보는 습관을 들이면 자신이 어디서 승부수를 띄워야 할지 분명히 파악할 수 있다. 자신의 특질과 특성을 적용해 재능을 발휘할 곳이 어디인지 그 장소와 환경을 구별해 낼 수 있는 것이다.

어린아이는 자신이 어떤 면에서 뛰어난지 스스로 파악할 수 없다. 어차피 학교에서는 성적이나 운동 능력으로 아이들을 일괄 평가하기 때문이다. 그러니 성적이 좋은 아이, 달리기가 빠른 아이들만 '잘했다'라고 칭찬받는다.

물론 '아이들 속에서 분위기를 주도하는' 인기 많은 아이도 있지만, 그런 아이는 보통 쉬는 시간이나 하교 후에 비공식적으로 재능을 발휘할 뿐이다. 예전에는 배식한 우유를 시간 내에 못 마시는 것만으로도 벌서듯 책상에 앉아 있어야 했다.

부조리하게도 수업 중에는 선생님이 낸 문제를 틀릴까 봐 주눅 들었고, 체육 시간에는 돈 받고 하는 일도 아닌데 마라톤까지 뛰어야 했다(하기야 어른들 관점에서는 교육상 유용해서 시키는 일이었다).

그런데 어른이 되면 자신이 승부수를 띄워야 할 곳을 스스로 선택할 수 있다. 성적이나 운동 능력뿐 아니라 작사, 작곡, 여러 장르의 게임, 그림이나 글 등의 예술, 예능 등 선택지는 도처에 널려 있다.

직장인도 끈질기고 차분하게 탐구할 수 있는 사람은 연구 개발에 힘을 쏟으면 되고, 손재주가 있으면 공예에 도전하는 등 자기 자질을 발휘할 수 있는 분야, 특성을 살릴 수 있는 직업을 마음껏 고를 수 있다.

자유롭게 선택할 수 있는데도 그렇게 하지 않는 이유는 자신의 자질과 특성, 특기와 재능을 제대로 파악하지 못했기 때문이다.

실제로 내 주변에서 성공했다고 평가받는 사람들은 본인의 자질에 맞는 직업과 환경을 선택한 사람들이다.

가령 필자가 아는 음식점 경영자의 대부분은 상냥하고, 서비스 정신이 왕성하며, 마음 씀씀이가 자상하다. 그 덕에 많은 팬을 끌어들여 가게가 번창했다.

부동산 관련 조사 연구와 강연이 주업인 다른 지인은 성격이 차분하고 과묵하다. 학술연구는 말없이 하는 일이고 강연도 기본적으로는 일방적으로 전달하는 일이니 특별히 사교성이 뛰어나지 않아도 잘 해내고 있다.

필자도 낯을 가리는 데다 말솜씨가 없어서 이렇게 집필하는 일을 주업으로 삼고 산다. 강연도 내 마음 가는 대로 말하면 되기 때문에 나에게는 편한 일이다.

그런데 상담처럼 상대에게 다가가야 하는 일, 접객처럼 고객에 대한 배려가 필요한 일은 피하는 편이다. 그런 일은 나의 특성을 살릴 수 없고, 내가 무리해야 한다는 점을 잘 알고 있기 때문이다.

창업가 양성 학원도 운영 중인데 수강생과의 소통은 다른 직원에게 맡기고, 나는 아이디어를 내거나 비즈니스 모델에 관한 조언을 하는 정도로 역할을 나누고 있다.

그래도 손님을 상대하는 일 정도는 젊었을 때 한 번쯤 경험하는 것이 좋다고 본다. 정중한 말투와 몸짓, 매너의 기본을 익힐 수 있기 때문이다.

고객, 또는 상대에 대한 태도가 거칠면 '교육을 잘 받고 자란 사람'이라는 인상을 줄 수 없어 신뢰를 얻기 어렵다. 말투나 태도에서 풍기는 품위는 인간관계에 큰 영향을 미치고, 따라서 매너가 몸에 배어 있지 않으면 득 될 것이 없다.

언젠가 대형 쇼핑몰 푸드코트에서 뒷좌석 가족의 담소를 듣고 깜짝 놀란 기억이 생생하다. 그들이 식탁에서 나누는 대화는 정담(情談)이라 하기에는 얼마나 상스럽던지. 입이 거친 사람들과 가까이 지내고 싶지 않은 것은 비단 필자만은 아닐 것이다.

결단의 힘을 단련하면
예측력이 향상된다

결단의 힘은 혼자 힘으로 사물을 합리적·객관적으로 파악하고 판단하는 힘이며, 여기서 말하는 판단이란 많은 사람이 '그건 그럴 만하다'라고 받아들일 수 있는 판단을 말한다. 사람들이 받아들이는 이유는 그 판단이 '논리적'이기 때문이다.

논리적이라는 말은 사물의 관계성을 적확하게 파악하고 있기에 판단의 근거나 과정이 '이치에 맞다'라는 뜻이다.

사물의 관계성을 파악할 때 필수 요소는 '인과관계'와 '상관관계' 다. 인과관계란 '한쪽이 원인이 되고 다른 한쪽이 거기에 연동해 결과가 바뀌는 관계'로 기본적으로 일방통행이다.

그런데 상관관계는 어느 한쪽이 원인이고 어느 한쪽이 결과인 관계가 아니라 둘 사이에 비례 '경향'이 나타나는 관계다.

예를 들어 밸런타인데이에 받는 초콜릿의 수와 외모는 비례관계, 즉 상관관계다. 외모가 뛰어나다고 해서 반드시 초콜릿을 많이 받는 것은 아니므로 인과관계는 아니다.

정말 중요한 내용은 이제부터다. 사물의 관계성을 이해할수록 '이렇게 하면 이렇게 된다'라는 연동성을 이해할 수 있고, 이에 비례해 예측력이 향상된다는 점이다.

가령 태풍이 도시를 강타하면 전철 등 대중교통이 마비될 가능성이 크다. 그렇게 되면 집으로 돌아가지 못할 가능성도 커진다. 그래서 태풍이 통과한다는 예보가 나오면, 그날은 재택근무를 하거나 출근했다가 조퇴하는 편이 낫겠다는 등의 판단을 할 수 있다.

이러한 인과관계와 상관관계를 축적하고 패턴을 이해하면, 같은 상황에 직면했을 때 '틀림없이 비슷한 일이 일어날 것이다'라고 예측하고 미리 준비할 수 있다.

설사 생전 처음 경험하는 상황이라 해도 무언가 방법, 다시 말해 '가설'이 순식간에 여럿 떠오르게 된다. 이런 일이 반복되면 가설도 점점 정확해진다. 그러나 사물의 관계성을 이해하는 힘이 부족하면, 미리 내다보고 대비할 수가 없기에 무계획적으로 살기 쉬워서 불운을 겪을 가능성이 높아진다.

자신의 행동이 어떤 결과를 초래하고 주위의 상황 변화가 자신의 생활에 어떠한 영향을 미치는지 그 관계를 이해하면, 자신의 인생도 어느 정도 전망할 수 있다. 그리고 그 전망은 자기 미래에 대한 희망과 편안함으로 이어질 것이다.

필자에게는 2011년 3월에 발생한 동일본 대지진과 후쿠시마 원전 사고의 교훈이 이번 코로나 시국에 큰 도움이 되었다.

정부 발표가 항상 옳다거나
진실이라고 생각해서는 안 된다

후쿠시마 원전 사고 당시, 일본 정부와 도쿄전력은 '멜트다운*이 아니다'라고 발표했다.

하지만 나는 외신 보도 등을 통해 '이건 분명 멜트다운이다'라고 확신하고 바로 일본을 탈출해 동남아시아로 피신했다. 그리고 사고 2개월 후, 도쿄전력은 '사실은 멜트다운이었다'라고 공표했다.

그때 정부든 기업이든 상황을 늘 정확하게 파악할 수 있는 것이 아니며, 진실을 말하는 것도 아니며, 조직은 보신을 가장 중요하게 여긴다는 사실을 통감했다.

그리고 9년 뒤 중국 우한에서 코로나바이러스 감염이 확대되기 시작했을 때, 중국과 세계보건기구(WHO)는 일제히 '인간 감염은 일어나지 않는다'라고 발표했다. 일본 정부는 외국인에 대한 입국 제한 조치도 하지 않았다.

---

* 우리말로는 노심용융이라고도 한다. 원자로의 냉각장치가 정지되어 내부의 열이 이상 상승하여 일어나는데, 노심용융이 일어나면 핵연료봉이 녹으면서 외부로 방사성 물질이 방출될 수 있다.

하지만 필자는 2020년 1월 21일부터 트위터에 '사람 간 감염이 일어나고 있다', '춘절(春節) 연휴에 중국인의 이동이 시작되면 감염 확대는 피할 수 없다', '앞으로는 사람이 몰리는 장소를 피하겠다', 'WHO는 세계기구로서 제 역할을 못 하고 있다'라는 트윗을 올리고 자가격리에 들어갔다.

주위에서는 '성급한 반응'이라며 필자를 뜯어말렸지만, 나중에 일이 어떤 식으로 흘러왔는지는 모두가 아는 바다.

컴퓨터만 있으면
어디든 사무실

필자는 후쿠시마 원전 사고로 방사성 물질이 확산하는 가운데서도 직장과 집 때문에 지역에 발이 묶여 꼼짝 못하는 사람을 많이 보았다. 방사성 물질에 노출될까 두려움에 떨면서도 아이를 학교에 보내는 상황도 보았다.

쓰나미로 집이 떠내려가도 '거기밖에 살 데가 없다'며 같은 장소에 다시 집을 짓는 사람도 적지 않았다고 들었다.

필자는 이상기후와 그에 따른 자연재해가 증가하는 이 시대에 이동하고 싶어도 할 수 없는 것은 일종의 리스크라고 본다.

그런데 리스크 회피라는 측면을 차치하고도 일본 이외의 나라에서 취직이나 창업, 투자의 기회가 있을 때, 움직일 수 있는지 묻고 싶다. 움직일 수 없다면 여러분은 그 기회를 놓칠 것이다.

그러므로 이동하고 싶을 때 언제라도 자유롭게 움직일 수 있는 시스템을 구축해야 한다.

그래서 필자는 동일본 대지진 이후, 경영하던 회사의 규모를 줄이기 시작했다. 직원도 고용하지 않고, 도심에 임대했던 사무실도 해약하고, 자택을 사무실로 쓰는 1인 회사로 바꾼 것이다.

업무 내용도 컴퓨터 한 대만 있으면 완결할 수 있도록 수주, 발주, 납품에 이르는 모든 공정을 디지털 방식으로 변경했다.

그리고 사람과 만나거나 현장에 가야 하는 일, 물품 유통 일을 대폭 줄었다. 동시에 부동산과 태양광발전 투자에 주력해 예상소득 외에 꽤 많은 수익을 올렸다.

생활용품
비축하기

후쿠시마 원전 사고 후 수도권*에서 일어난 혼란으로는 생활용품과 저장식품, 휘발유 사재기 소동을 들 수 있다.

지방에 사는 부모님이 수도권에 사는 자식 집에 두루마리 휴지를 보냈다는 등의 뉴스도 있었다.

필자는 그런 광경을 직접 보았기 때문에 동일본 대지진 이후로는 의식적으로 재해 비축분을 늘려 왔다. 자동차 휘발유도 잔량이 절반을 밑돌면 가득 채워두는 습관이 들었다.

특히 5년 전에 신축한 다가구 주택에는 아예 재해 비축용 창고를 만들어서 물, 컵라면, 두루마리 휴지, 티슈 같은 생활용품을 세 달 치 이상 확보해 두었다. 앞서 말한 자가격리에 들어갔을 때도 마스크를 대량 확보했었다.

---

* 도쿄를 중심으로 한 반경 약 150km 구역. 도쿄(東京), 가나가와(神奈川), 사이타마(埼玉), 지바, 이바라키(茨城), 도치기(栃木), 군마(群馬), 야마나시(山梨)의 1도 7현을 포함한다.

시장 폭락

　세상을 뒤흔드는 큰 사건이 일어나면 주식 시세나 환율 시세는 크게 폭락한다. 이는 과거 여러 번 반복된 일이다.

　동일본 대지진 후에도 주식시장은 대폭락했지만, 필자는 그때 주식을 사들인 덕에 나중에 큰 이익을 볼 수 있었다.

　코로나바이러스가 확산한 2020년 3월 중순에도 세계 주식시장은 대폭락했다.

　필자는 다시 한 번 기회가 왔다고 보고 자금을 끌어 모았다. 생명보험 약관 대출을 써서까지 자금을 조달해 매수에 나선 것이다. 그리고 이번에 매수한 종목도 대부분 이익을 냈다.

경험은 선택의
폭을 넓혀준다

대출을 받아 부동산 투자를 해보고 나면 빚에 대한 두려움이 사라지므로 규모가 큰 투자처에 대해서는 '돈을 빌려 대처하는' 선택지가 하나 더 생기게 된다.

창업을 경험하고 나면 새로 사업을 일으키는 데 대한 두려움이 사라지고, 사업을 철수해 보고 폐업을 경험하면 도중에 그만두는 데 대한 거부감도 없어진다.

소송을 경험하고 나면 이기는 데 필요한 요소가 무엇인지, 재판에서 무슨 일이 벌어지는지를 알게 되므로 남과의 분쟁이 두렵지 않다.

자전거 타는 법을 한 번 배워놓으면 평생 탈 수 있는 것처럼 경험은 평생 남는 재산이 되어 선택의 폭을 넓혀준다.

경험하지 않으면 무서워서 선택할 수 없었을 길이 경험 후에는 자신이 취할 수 있는 선택지 중 하나로 부상하는 것이다. 따라서 경험을 늘려 선택의 폭을 넓히는 일은 결단의 힘을 높이기 위한 비장의 무기가 될 수 있다.

가난을
경험하라

젊은 시절에 가난과 사회 밑바닥을 경험하면, 절망에서 벗어나 살아갈 희망을 얻을 수 있다.

이는 필자가 직접 경험하고 얻은 철학이다.

나는 대학 진학에 반대하는 아버지의 뜻을 어기고 도쿄로 왔기 때문에 학비와 생활비 지원을 한 푼도 받지 못했다.

입학금과 첫해 학비도 내지 못해 신문 장학생*으로 상경했고, 그후 학비는 장학금을 받고 생활비는 모두 아르바이트로 충당했다. 신입생 때는 월세 3천 엔짜리 신문 장학생용 기숙사(목욕탕 없이 공용 화장실을 쓰는 연립주택)에 살았다.

2년째부터는 작은 아파트를 빌렸는데 당시는 거품 경제가 한창이었기에 집세가 비쌌다.

* 신문 배달 일을 하는 조건으로 신문사에서 학비를 대주는 장학생. 배달 구역을 학생이 마음대로 정할 수 없고, 업무량도 많아 '노예'라는 별칭이 붙을 만큼 지원 조건은 좋지 않은 것으로 알려져 있다.

그래서 샤워는 대학 체육관 내 샤워실을 쓰고, 점심은 선배에게 얻어먹고, 수도세를 아끼기 위해 화장실 볼일도 학교에서 다 마치고 집으로 갔다. 냉장고도 없이 낮에 학교 식당에서 슬쩍한 후리카케(가루 모양의 마른반찬)만 겨우 밥 위에 뿌려 먹는 날들이었다.

확실히 가난했지만, 딱히 가난에 대해 의문을 가지지도 않았고 낙심하지도 않았다. 당연히 부모에 대한 원망도 없었다. 그저 '다들 이렇게 산다'라고 생각하고 평범하게 지냈다.

그래서 돈이 없으면 없는 대로 어떻게든 살아가야 하는 것으로 생각했다.

그로부터 15년 뒤, 리먼 쇼크의 여파로 경영하던 회사의 실적이 급격히 나빠지면서 급기야 내 인건비도 안 나오는 지경에 이르렀다.

결국, 월세 5만 엔짜리 다 쓰러져가는 아파트로 이사했지만, 근처 싸구려 선술집에서 즐거움을 찾고 커피를 무한 리필해 주는 카페에서 몇 시간이고 눌러앉아 쉬면서도 나름대로 즐겁게 지냈다.

돈도 없었고 집도 누추했지만, 학창 시절의 경험 덕에 '어떻게든 되겠지'라고 생각할 수 있었다.

사람마다 받아들이는 방식은 다를 수 있겠지만, 가난을 경험해 보지 못한 사람은 자기 자존심에 매달려 생활수준을 낮추지 못하는 경우가 있다.

하지만 가난을 겪어본 사람은 언제든지 자유자재로 생활수준을 조절할 수 있기에 절망하지 않고 대응할 수 있다.

밑바닥을
알아야 한다

　지금으로부터 15년 전, 캄보디아에 갔을 때의 이야기다. '사회의 밑바닥을 알아야 한다'는 의미에서 과거 몇몇 서적과 칼럼에서도 소개한 적이 있는 일화를 다시 꺼내 본다.

　평균 월수입이 만 엔을 조금 넘는 캄보디아의 수도 프놈펜에서는 한 대에 1천5백만 엔이나 하는 고급 차 렉서스를 심심찮게 볼 수 있다. 카페 붐이 불어서 차 한 잔에 5백 엔이나 하는 고급 카페도 성업 중이다.

　한편 프놈펜에서 차로 20분 정도 떨어진 곳에 있는 쓰레기 처리장에서는 다섯 살에서 열 살쯤 되어 보이는 고아들이 고된 노동을 한다. 웃통을 벗고 신발도 신지 않은 채로 일한다.

　아이들은 수북이 쌓인 쓰레기 더미에서 쇠 부스러기를 모은다. 그리고 저녁에 잠깐 들르는 브로커에게 모은 쇠 부스러기를 넘겨주고 돈을 받는다.

　온종일 일하고 받는 돈은 일본 엔으로 40엔 정도. 브로커에게 착취당하는 게 분명하지만, 살기 위해 죽어라 하고 일만 한다.

그 아이들은 대부분 열다섯 살이 되기 전에 사망한다. 맨발로 다니기 때문에 발을 다치는데 상처 부위로 잡균이 들어가 병원에도 못 가 보고 몇 년 안에 목숨을 잃는 것이다.

쓰레기 처리장에 사는 아이들에게는 집도, 돈도 없을 뿐 아니라 학교도 갈 수 없고 맛있는 음식도 먹을 수 없다. 그들은 그 짧은 일생을 쓰레기 더미에 둘러싸여 살다가 죽어 나간다.

아이들은 꿈속에서도 휴대전화나 컴퓨터를 가져본 적이 없다. 취직도 안 된다. 여권이 없어 외국에 나갈 수도 없다. 인생을 바꾸고 싶어도 바꿀 수 없다. 도망가고 싶어도 갈 곳이 없다. 도전하고 싶어도 할 수 없다(지금은 상황이 달라졌을 수도 있지만, 당시는 그랬다).

그와는 달리 일본은 격차가 크다고 하지만, 필자는 캄보디아뿐 아니라 아시아의 온갖 나라를 보고 나서 일본이 세계에서 가장 격차가 작은 나라라고 느꼈다. 실제로 일본에서

휴대전화가 없는 사람은 얼마나 될까?

학교에 못 가는 아이는 얼마나 될까?

편의점 물건을 살 수 없는 사람은 얼마나 될까?

아프거나 다쳤을 때 병원에 못 가는 사람은 얼마나 될까?

옷을 못 사는 사람, 맨발로 생활할 수밖에 없는 사람은 얼마나 될까?

'격차, 격차'를 부르짖는 사람도 '진짜 격차가 어떤 것인지' 모를 것이다.

'나는 트위터를 하지 않는다', '일본은 꿈꿀 수 없는 사회다' 같은 말을 하는 사람도 '진짜 절망이 어떤 것인지'는 모를 것이다.

가난한 나라의 가난한 사람들이 처한 상황을 알고 나면 자신이 얼마나 복 받은 사람인지에 대해 감사할 수 있고, 하고 싶은 것은 무엇이든 할 수 있다고 느낄 수 있을 것이다.

일본에서 일본인으로 태어난 것은 인생 게임에서 처음부터 주사위의 6을 들고 시작하는 것과 같다.

그래서 나는 일본에 감사한다. 나는 주어진 환경을 핑계거리로 내세운 적이 없다. 내 힘으로 인생을 개척하려는 뚜렷한 자기 책임 의식을 품고 있을 뿐이다. 환경을 핑계 삼아 '나는 못 해', '불운해', 'ㅇㅇ 탓이야' 같은 생각은 조금도 하지 않는다.

'밑바닥을 알아야 한다'는 이야기로 돌아가자. 이는 가난한 사람을 차별적, 모멸적인 눈으로 보라는 이야기가 아니다. 그들을 보면서 자신의 불만을 가라앉히라는 말도 물론 아니다.

밑바닥을 알면 자신이 아무리 비참하고 힘든 상황에 부닥쳐 있는 느낌이 들어도 절망에 빠지는 것을 막을 수 있기 때문이다.

가난하고, 기회가 없고, 미래가 보이지 않아도 하루하루를 즐겁게 사는 사람이 있다. 사람은 마음먹기에 따라 어떤 상황에서도 삶에 대한 희망을 품을 수 있다.

'선택지'를
많이 확보하라

실패했거나 기대한 성과를 얻지 못했을 때, 다른 길 또는 다른 방법이 없으면 사람들은 좌절하게 된다. 그러니 세상 어떤 일에도 좌절하지 않으려면 항상 여러 개의 선택지를 준비해 두어야 한다.

이를테면 입시나 취업 때 '보험용'으로 몇 군데 더 지원해 두는 것이 대표적인 예다. 일단 어디라도 합격해서 진로가 확보되어 있으면 정말 본인이 원하는 학교나 기업의 전형에 가서도 떨지 않고 실력을 발휘할 수 있다. 설사 원하는 곳에 합격하지 못하더라도 갈 데가 있으면 그리 낙심하지 않아도 된다.

이런 발상을 인생의 여러 상황에 적용해 보라는 것이다. 예를 들어 수입원으로 회사에서 받는 월급 외에 부업을 만들어 두면 월급이 줄거나 끊어지더라도 생계를 유지할 수 있다.

결혼을 생각 중인 사람이라면, 서둘러 '이 사람밖에 없다'라고 결론 내릴 것이 아니라 정말 결혼해야 하는 순간까지 여러 명의 후보를 지켜보는 방법도 현명한 방법일 수 있다. 그래야 누군가가 갑자기 헤어지자고 해도 마음을 가라앉히고 다음을 생각할 수 있다.

선택지를 많이 만들어 두려면 '자신이 어떨 때 절망감을 느끼는 지', '어떤 상황에서 정신적인 충격을 받기 쉬운지'를 잘 알고 있어야 한다. 그래야 장애물에 부딪쳤을 때 이를 뚫고나갈 수 있는 방법을 알 수 있기에 대처하기가 쉬워진다.

가령 '만약 암에 걸리면?', '만약 집중호우로 집 근처 하천이 범람하면?', '만약 아이가 학교에 가지 않겠다고 하면?', '만약 회사에서 해고된다면?' 같은 상황을 가정하고 '나 같으면 이렇게 할 거야. 그리고 그게 안 되면 이렇게 하겠어'라는 식으로 여러 개의 선택지를 확보해 둘 수 있다.

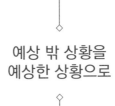

예상 밖 상황을
예상한 상황으로

지구가 점점 뜨거워지고 있다. 이러한 지구온난화로 인해 세계는 지금 기후변화를 넘어 기후 위기라는 '재난' 수준의 심각한 기후 생존 상황에 직면해 있다. 사실 지구온난화에 대한 전 세계적인 약속은 우리 일본이 1997년에 협약한 교토의정서라는 기념비적인 선언에서 시작되었다. 당시 지구 온난화를 막기 위한 2도 수준의 지구 온난화가 재난의 마지노선으로 여겨졌지만 교토의정서는 힘 한번 제대로 써보지 못한 채 지구 온도 2도 상승을 지켜내지 못했다. 이후 20년 동안 지구는 더 많은 온실가스를 배출하며 기후 변화의 정점으로 치닫고 있었다. 이후 2016년에는 파리기후협약이 체결되면서 교토의정서에서 지켜내지 못한 기온 상승 2도를 전 지구적인 목표로 삼았지만 그것도 지금은 최상의 시나리오에 불과하며 여전히 2도 상승을 넘어서는 끔찍한 미래의 모습이 지구촌 곳곳에서 재현되고 있는 실정이다.

기후 위기의 최근 시나리오는 2017년 늦여름에 대서양에서 발생한 3개의 대형 허리케인으로부터 발발했다. 당시 허리케인 하비는 미국의 휴스턴을 강타해 엄청난 규모의 폭우를 퍼부어댔다. 남아시아에서는 홍수로 4,500만 명이 집을 잃었으며 캘리포니아에서는 사상 초유의 산불로 상당 지역이 잿더미로 바뀌었다. 또 2018년 여름의 어느 주간에는 덴버, 벌링턴, 오타와를 비롯해 글래스고, 섀넌, 벨파스트는 물론 조지아의 트립리시와 아르메니아의 예레반, 러시아 남부 일대까지 세계 곳곳에서 기록적인 폭염이 기승을 부렸다.

미국 서부에서는 100여 건의 대형 산불이 발생했고, 콜로라도에서 발생한 산불은 불길이 화산처럼 90미터까지 치솟아 온 택지를 집어삼켰다. 지구 반대편에서는 대규모 폭우가 일본을 물바다로 만들어 120만 명의 사람이 집을 버리고 탈출해야 했고 태풍 망쿳이 중국 본토를 덮쳐 245만 명의 피난민을 발생시켰다.

2017년에 국제에너지기구에서는 탄소배출량이 1.4% 증가했다고 밝혔다. 중국은 94억 6,700만톤의 탄소배출로 세계에서 가장 큰 탄소발자국을 남기는 국가이며, 미국이 51억 톤, 인도가 22억 7천톤에 이어 일본도 11억 2천만톤으로 러시아에 이어 세계 5위의 탄소배출국가로 지구상의 오명을 남겼다.

기후변화가 촉발하는 피드백 시스템 중에서도 산불이 탄소배출량에 미치는 영향은 특히 무시무시하다. 세계 곳곳에 존재하는 숲들이 전형적인 탄소 흡수원에서 탄소 공급원으로 뒤바뀌어 저장하고 있던 온실가스를 내뿜는다. 1997년에 인도네시아의 이탄 지대에서 발생한 화재에서는 이산화탄소가 무려 26억 톤 방출됐다. 이는 전 세계 탄소배출량의 40퍼센트에 달하는 수치였다. 게다가 화재가 발생할수록 기온은 더 상승하고 기온이 상승할수록 화재는 더 자주 발생한다.

통제 불능의 태풍, 토네이도, 홍수, 가뭄 등 예전 같았으면 문명을 통째로 무너뜨렸을 법한 기후재난 사건이 일상적으로 지구를 공격하고 있다. 강력한 허리케인이 더 자주 닥치며 토네이도 역시 더 자주 발생할 것이며 토네이도가 휩쓸고 간 흔적은 길이나 폭이 더욱 거대해질 것이다. 지금보다 4배는 더 큰 우박이 떨어질 것이다.

〈U.S. Geological Survey〉에 의하면 2018년 여름 전 세계에 닥친 듣도 보도 못한 폭염에 로스엔젤레스는 42도를, 파키스탄은 50도를, 알제리는 51도를 기록했다. 바다에서는 총 여섯 개의 허리케인과 열대 폭풍이 동시에 레이더에 잡히기도 했다. 그중 태풍 망쿳은 필리핀과 홍콩을 차례로 휩쓸면서 약 100명의 사망자를 냈으며 허리케인 플로렌스는 노스캐롤라이나 연평균 강수량을 2배 이상으로 늘린 폭우를 가져와 50명 이상의 사망자를 냈다. 스웨덴부터 북극권을 쭉 포함해 미국 서부 상당 지역까지 수많은 산불이 발생해 대륙의 절반이 연기로 고생했으며 6000제곱킬로미터에 달하는 면적이 전소했다.

전 세계적인 기후 위기의 시대에 더해 일본에서는 머지않은 장래에 수도권 직하형 지진*과 난카이(南海) 트로프 대지진**이 일어날 확률이 높다고 알려져 있으며 후지산(富士山)의 대분화 가능성을 점치는 사람도 많다.

지진, 쓰나미, 홍수 등으로 인해 생명과 집, 일자리를 잃을 가능
성은 충분하다.

그래서 필자도 집을 지을 때 지진에 대비해 중량 철골 구조에 지
반 개량 작업을 했고, 수해까지 고려해 화재 보험은 전액 보상 상
품으로 들었다.

또 처음부터 물과 식량 등 재해 비축품을 보관하기 위한 창고를
설계하고 약 3개월 분량을 비축 중이다. 만일 재난을 당한 상태에
서 구조대가 늦게 오더라도 살아남기 위해서다.

지붕에 달아 놓은 태양광발전 시스템에는 자동 운전 기능이 있
어서 정전 때에도 낮에는(맑으면) 가전제품을 사용할 수 있다.

자동차는 비나 눈에도 미끄러지지 않도록 사륜구동 차량에, 앞
뒤로 블랙박스를 설치했고 신호등이 없는 교차로에서는 프런트 카
메라로 사각지대를 볼 수 있도록 만들어 놓았다. 그리고 차 안에
비상용 손전등을 늘 비치하고 있다.

후지산은 절대 분화하지 않으리라고 믿는 사람도 있겠지만, 있
을 수 없다고 여겼던 일들이 일어나는 시대다.

후지산이 분화하면 정전기를 띤 화산재가 수도권에 쏟아져 내리

* 가나가와현, 도쿄도, 지바현, 사이타마현, 이바라키현 남부를 포함하는 간토 남부 지방의 수직 지하를 진원
으로 반복적으로 일어나는 대지진의 총칭. 평균 지진 규모(매그니튜드) 7에 이른다고 알려지며, 동일본 대지
진 발생 30년 이내에 발생할 확률이 70%로 예측된다.
** 난카이 트로프는 시즈오카현(静岡県) 스루가만(駿河湾)에서 규슈(九州) 동쪽 태평양 연안 사이 4,000m
해저에 있는 해저 협곡으로 유라시아판과 필리핀판이 만나는 지점이다. 난카이 트로프 대지진은 필리핀판이
유라시아판을 압박하는 압력을 이기지 못하고 어긋나서 일어나며, 역사적으로 100~150년 주기로 발생한다
고 알려진다. 마지막 발생 연도는 1944년, 1946년이었다.

게 된다. 그 화산재가 정밀기계 내부에 들어가 합선을 일으키면 전자기기는 대부분 작동을 멈추고 수도 기능이 마비되어 대혼란이 일어난다고 알려져 있다.

변전소가 작동을 멈추어 정전이 발생하고 휴대 기지국의 배터리가 3~4일 만에 소진되면, 대지진 때 많은 사람이 의존했던 트위터 같은 SNS조차 연결되지 않을 수 있다.

도로도 미끄러워 자동차가 달릴 수 없을 것이고, 해외로 피신하고 싶어도 비행기는 뜰 수조차 없을 게 분명하다. 피신은커녕 분연과 화산재로 집에서 한 발자국도 나갈 수 없을 것이다.

물류가 멈추고, 재해 원조도 지연되고, 외부와의 연락이 끊어져 상황 파악이 불가능해지고……. 할 수 있는 것이 아무것도 없어 넋을 놓게 될 가능성이 크다.

대규모 지진이 일어나면 전기, 가스, 수도를 복구하는 데 일주일 이상 걸린다. 2019년 15호 태풍 파사이의 직격탄을 맞은 지바 보소 (房総) 지역이 그 정도 걸렸으니 아마 그 이상이 걸릴 수도 있다.

고베 대지진(1995년), 동일본 대지진(2011년), 구마모토 지진(2016년)도 일본 전체로 보면 국지적 재해이므로 즉시 외부 지원이 이루어졌다.

그러나 수도권은 인구가 3천5백만 명이나 되는 거대 지역이기에 (남쪽은 요코하마시(横浜市), 북쪽은 사이타마시, 동쪽은 지바시까지) 언제쯤 지원을 받을 수 있을지 불투명하다.

그래서 앞서 설명한 것처럼 우리 집은 생활용품을 비축하고 태양광발전으로 대비하는 것이다. 그래도 200V 에어컨까지 가동할 만큼 여유롭지는 않으니 겨울은 어떻게든 견디겠지만, 한여름은 문제다.

대규모 상업 시설과 호텔 등은 자가발전 설비를 갖추고 있겠지만, 그것도 며칠 안 갈 테니 여름에 재난을 당하면 자동차 에어컨으로 버텨야 할 것 같다. 그러니 여름철에는 휘발유가 절반 밑으로 떨어지기 전에 주유해 두어야 한다.

인생의 효율을
최대화하라

필자는 만약을 위해 늘 하나의 작업에서 최대의 결과치를 얻어내려 한다.

이는 무언가를 할 때 처음부터 '두 번, 세 번 재활용할 수 있도록', '여러 개의 목적을 달성할 수 있도록', '한 번의 작업으로 여러 번 수입을 거둘 수 있도록' 설계한다는 뜻이다.

'두 번, 세 번 재활용할 수 있도록'이라는 것은 예를 들어 이 책의 원고가 페이지 수나 편집상 사정으로 일부가 책에 실리지 않는다고 하더라도 그 원고를 다른 서적이나 인터넷 칼럼의 원고 또는 온라인 소식지에 사용하는 식으로 절대 버리지 않는 것을 말한다.

강연 원고도 과거에 만든 원고를 재구성하거나 수정해서 최소한의 노력으로 새로운(또는 새롭게 보이는) 콘텐츠를 만들어 내면 된다.

'여러 개의 목적을 달성할 수 있도록'이라는 것은 어느 하나의 목적을 달성하지 못할 때도 다른 하나의 목적을 달성하면 된다는 뜻이다.

예를 들어 아이의 중학교 입학시험도 '경쟁이 치열한 유명 중고 일관교*에 합격하겠다'라는 목표뿐 아니라 '초등학교에서 배운 내용을 총복습한다', '지속해서 공부하는 습관을 들인다', '자기 나름의 공부법을 스스로 익히는 힘을 기른다' 등 여러 개의 목표를 설정해 두면, 입시에서 원하는 학교에 낙방했다고 해도 실망하지 않고 '입시를 통해 귀한 경험을 했다'라고 긍정적인 평가를 할 수 있다는 말이다.

또 필자는 해외 부동산에도 투자 중인데, '부동산 가격이 상승하면 시세 차익을 얻겠다'라는 일차 목적 말고도 '환율 대책', '자산 분산', '인플레이션 헤지', '세금 대책' 등 다양한 목적을 설정해 둔 상태다. 따라서 시세 차익을 얻지 못해도 다른 목적이 달성된다면 그것으로 만족할 수 있다.

그 외에도 필자는 구매 행동을 할 때도 '내가 지출하는 분야를 직접 사업화하겠다'라는 발상을 늘 염두에 두고 있다.

가령 현재 헬스클럽에 다니고 있으니까 '어차피 다니는 거라면 직접 헬스클럽을 운영하면 어떨까?', 프로틴을 먹으니까 '어차피 나도 마실 거니까 자체브랜드로 프로틴 제품을 만들어 보면 어떨까?'라고 지금 실행하고 있는 것의 사업성까지 검토해보는 것이다.

· ·

* 중학교와 고등학교를 통합해 6년제로 운용하는 교육 시스템. 주로 사립학교에 많으며 대학 부속으로 설립된 중고등학교라면 중학교 입시 한 번으로 대학까지 자동 진학이 가능하다는 계산이 나오므로 경쟁이 치열하다.

그렇게 해서 실제로 시작한 것이 아내가 운영하는 보이스 트레이닝 학원과 어린이 리트미크(rythmique)*교실이다.

실제 행동으로 옮길지 어떨지는 차치하고라도 이 같은 발상으로 접근하면, 자신이 돈을 쓰는 서비스 분야의 비즈니스 모델을 분석해 '나라면 어떻게 할까?' 하고 궁리하는 습관이 붙을 것이다.

---

* 리듬에 기초를 두어 신체 감각 및 기능을 발달시키는 음악 교육법. 스위스에서 유래했다.

돈 버는 능력은 많은 문제를
해결할 수 있다

나중에 이야기하겠지만, 필자가 추구하는 자유는 '경제적 자유'와 '정신적 자유'로 이루어진다. 이 책에서는 주로 정신적 자유를 얻는 방법을 소개하고 있지만, 경제적 자유에 관해서도 잠깐 언급하려 한다.

원래 일상에서 일어나는 여러 문제는 돈이 있으면 해결된다. 오히려 돈으로 해결할 수 없는 일이 적다.

돈이 없어서 불안하고 고민되는 경우는 많아도 10억 엔짜리 복권이 당첨돼서 인생이 절망스럽다는 사람은 아마 없을 것이다. 집과 일자리를 모두 잃어 망연자실했을 때, 어디서 '턱!' 하고 10억 엔이 떨어진다면, 이 세상 그 누구라도 미래를 화사하게 꿈꿀 것이다.

그런 의미에서도 '돈 버는 능력이 모든 것을 치유한다'라고 해도 지나치지 않다고 생각한다.

게다가 돈 버는 능력이 있으면 자기 자신에 대한 자신감, 그리고 살아갈 자신감을 불러일으키는 법이다. '무슨 일이 있어도 밥은 굶지 않는다'라는 자신에 대한 믿음은 미래에 대한 희망이다.

일시적으로 실직하거나 돈을 못 벌고, 벌어놓은 돈을 잃는 상황이 오더라도 절망하지 않고 다음 목표를 향해 행동할 수 있기 때문이다.

지금까지도 내가 '저축액'이나 '연봉'에 중점을 두지 않고 '돈 버는 능력'을 주장하는 이유는 바로 거기에 있다.

저금통장을 깨야 한다면 공포감을 느낄 수밖에 없다. 쓰러질 때까지 일해서 높은 연봉을 버는 것도 무의미하다. 짧은 시간, 적은 노력으로 높은 부가가치를 창출하는 것이 중요하다.

그래서 필자는 돈 버는 능력을 기르는 하나의 훈련법으로 '무엇이든 컨설팅'을 권한다.

'무엇이든 컨설팅'으로
문제 해결 능력을 키워라

'무엇이든 컨설팅'은 필자가 강의하러 다닐 때마다 사람들에게 권장하는 방법이다. 눈에 띄는 상품, 광고, 기업에 대해 모조리 '만약 내가 컨설팅 의뢰를 받았다면 어떤 조언을 해줄까?'를 떠올려 보는 것이다.

출근하는 전철 안을 둘러보라. 수많은 기업 광고가 붙어 있다.

그중 하나를 고른 다음, '자신이 경영 컨설턴트라면 그 기업의 어떤 문제점을 지적하고, 매출을 올리기 위해 어떤 점을 개선하라고 조언할까?', '문제가 되는 자금이나 인적 자원, 사내 반발 등에 대해 어떻게 대응할까?' 하는 점을 5~10분 안에 재빨리 생각해 보라는 말이다.

정답은 없다. '이렇게 하면 매출이 오를 것 같다', '이렇게 하면 관계자 모두를 설득할 수 있겠지' 등 자기 나름의 방안을 갈고 닦는 훈련이니까 말이다.

물론 처음에는 어려울 테니 기업 전략이나 마케팅 책을 통해 지식을 얻거나, '닛케이 비즈니스' 같은 유력 경제 주간지에 게재되는 성공, 실패 사례를 참고로 인풋을 늘려야 한다.

그다음에는 그 인풋을 바탕으로 무엇이든 컨설팅의 아웃풋을 끌어내되, 점점 속도를 높여 나간다.

그리고 그 과정을 매일 끊임없이 반복한다. 반년 정도 지속하면 두뇌 회전이 두 배 정도 빨라질 것이다. 가설 입안 능력과 문제 해결 능력이 모두 비약적으로 커지는 것이다.

필자가 한때 외자 전략 컨설팅이라는 고도로 지적인 직업을 가질 수 있었던 것도 몇 년간 하루도 빠짐없이 이 같은 사고 훈련을 지속한 덕이 크다.

지금도 필자에게는 그 습관이 남아있어서 길을 걸으면서도 자연스럽게 사례 분석을 한다. 그래서 언제 어디서나 눈에 띄는 기업의 비즈니스 모델을 분석한 뒤 요점을 정리한다.

그 덕분에 지금은 어떤 사업을 해도 실패하지 않을 자신이 있다. 왜냐하면 실패할 비즈니스 모델을 알아보는 후각이 발달해 있어 성공할 비즈니스만 시작할 것이기 때문이다.

'자유'야말로
진정한 성공이다

앞서 필자가 생각하는 성공은 '자유'이고, 그 자유는 '경제적 자유'와 '정신적 자유'로 이루어진다고 말했다.

'경제적 자유'란, '무언가를 해도 되고 하지 않아도 되는 상태', '고를 수 있는 선택지가 많은 상황', '환경이나 타인으로부터 제약을 받지 않는 상황'을 의미한다.

'해도 되고 하지 않아도 되는 상태'는 쉽게 이해할 수 있을 것이다. '고를 수 있는 선택지가 많은 상황'이란, 예를 들어 '조직에 속해서 일할 수도 있지만, 독립해서 자기 사업을 운영할 줄도 안다', '국내에 살아도 되지만, 해외에 나가 살더라도 적응할 수 있다', '어느 쪽을 구매할지 고민될 때 둘 다 살 수 있다' 같은 상황을 말하는 것이다.

그러려면 역시 돈을 버는 능력을 키워야 한다. 돈이 있으면 무언가를 해도 되고 하지 않아도 된다.

또 하나의 자유인 '정신적 자유'는 '자신의 감정이 다른 사람의 영향을 받지 않는 것'을 의미한다.

이를테면 다른 사람 때문에 초조해하거나, 불안해하거나, 눈치를 보거나, 고민하는 등의 영향을 받지 않고 늘 자기 의지대로 살 수 있는 것을 의미한다.

애초에 불쾌한 감정의 대부분은 사람 때문에 생긴다. 무시당하고, 바보 취급당하고, 갑질당하고, 비난과 모욕의 말을 듣는 직접적인 공격뿐 아니라 질투, 시기, 원망, 열등감, 패배감 등 제멋대로 느껴지는 부정적인 감정도 대개는 대인 관계에서 온다는 말이다. 그러니 대인 관계에 흔들리지 않는 강인하고도 유연한 정신력을 갖추어야 한다.

이렇듯 무엇이든 할 수 있는 경제력과 웬만한 일로는 흔들리지 않는 강철 같은 정신력을 갖추는 것이 필자가 생각하는 성공이다.

그래서 지위나 명예, TV 같은 데서 남들이 추켜세우는 것 따위는 나에게 아무 의미가 없다. 앞만 보고 달려서 회사를 상장시킨다거나 자산 수십억 엔을 쌓는 데에도 흥미가 없다(자산 증식이 나쁘다는 말이 아니라 굳이 집착하지 않는다는 말이다).

이것도 남의 말을 따라서가 아니라 그저 내 마음에 순순히 따른 결과다. 내 마음에 따라서 하는 일이 내 삶의 일상을 구성하는 것이다. 그렇게 현재 나는 '자유'를 최우선으로 살고 있다. 자유로울 수 있는 일은 뭐든 할 것이고, 반대로 아무리 매력적이라도 자유를 해치는 일은 하지 않을 것이다.

행복의 최대 요소는
'받아들이기'

　앞서 성공의 정의는 '경제적 자유'와 '정신적 자유'라고 썼는데, 사실 성공은 단순한 수단이자 통과지점에 불과하다.

　최종 목적지는 '행복해지는 것', 더 자세히 말하자면 '자신의 생활, 인생이 행복하다고 느끼는 것'이다.

　그럼 그 행복을 구성하는 요소는 무엇일까? 사람에 따라 다르겠지만, 현재 시점에서 필자는 '충족감'과 '받아들이기'를 꼽고 싶다.

　행복이라 하면 '기쁘고 즐겁고 재미있는 느낌'을 떠올리는 사람도 있겠지만, 그러한 감정은 비교적 일시적으로 나타났다가 사라지는 성질이 있다.

　어느 날은 친구들과 맛있는 밥을 먹으며 즐거운 대화를 했다가 다음 날은 상사에게 호된 꾸지람을 듣고 침울해지는 것처럼 말이다.

　이렇게 잠깐 즐거운 일이 있다가도 다시 재미없는 일이나 시시한 일, 괴롭고 힘든 일이 있으면 전체적으로는 '불행하다'라고 평가할 수 있다.

하지만 충족감을 느끼고 받아들이는 자세로 살면, 일시적으로 우울한 사건이 터졌다고 해도 전체를 바라봤을 때 '대체로 괜찮다'라고 자신을 긍정하고 지지해주는 근거가 된다.

'충족감'은 구체적으로 '일을 해낸 성취감', '자기 능력을 발휘하고 있다는 만족감', '자기 능력이 확대되고 있다는 성장감', '소속된 조직이나 사회에 도움 되고 있다는 기여감' 같은 형태로 나타난다. 이해하기 쉬운 느낌일 것이다. 최선을 다해 일하면 성과와 무관하게 '자신이 할 바를 다 했기에' 만족할 수 있다.

반대로 자신이 가진 열정의 불꽃을 제대로 태우지 못하면 화재 현장의 잔불처럼 개운치 않은 뒷맛을 남기게 된다. 강력 범죄를 저지르는 사람이 대부분 '무직'인 것도 다 이유가 있는 것이다.

또 인간에게는 성장하려는 본능이 있어서 전에 못 하던 일을 할 수 있게 되거나 늘 하던 일이라도 전보다 더 잘하게 되면 기쁜 법이다.

그러한 자신의 능력, 또는 자기 존재가 누군가에게 도움 된다는 느낌, 자신이 누군가에게 필요한 사람이라는 느낌 역시 충족감으로 이어진다.

'받아들이기'란, 스스로 생각하고 결단하고 행동할 때 비로소 갖출 수 있는 자세다.

이 자세가 몸에 배면 결과가 좋든 나쁘든 순순히 받아들일 수 있고, 불평불만이나 부정적인 감정으로 괴로워하지 않아도 된다.

설사 실패하더라도 '그래. 이 점이 잘못되었을지도 모른다. 다음에는 이렇게 해보자' 하며 그다음 과제를 찾아낼 뿐, 낙담하지 않을 수 있다. 받아들이는 자세는 '자기 결정감'에서 오는 것이며, 자기 결정은 이 책에서 줄곧 강조한 결단의 힘이다.

회사원이 행복을 느끼기 어려운 이유는 업무상 결정권을 가진 사람이 대개 상사이기에 이의나 불만이 있어도 따라야 하는 등 '자기 결정감'을 얻기 어렵기 때문이라는 분석이 있다. 그에 반해 창업가나 경영자는 거의 모든 사안을 직접 결정할 수 있기에 결과가 어떻든 받아들인다. 누가 시킨 일이 아니니 남 탓을 할 수 없고, 자기 선택의 결과이니 불평이나 불만이 있을 수 없는 것이다.

자기 결정감이 있으면 자기답게 살고자 하는 자기실현 욕구가 채워진다.

직접 무언가를 결정한다는 것은 '자기 마음에 드는 것, 하고 싶은 것을 고른다'는 뜻이자 자기 개성을 발휘할 수 있는 분야, 환경에서 산다는 뜻이기도 하다. 온전한 자기 자신으로 사는 것이야말로 '자기실현'이다. 자기를 실현한 사람은 인생을 온전히 받아들일 수 있다.

이는 사는 동안 내가 남에게 결정을 미루거나 남이 마음대로 내 문제를 결정해서 나온 결과로는 절대 도달할 수 없는 경지다.

즉 스스로 결정 내리는 행위는 '내가 나의 삶을 살고 있음'을 실감하는 데 매우 중요한 요소인 것이다.

그런 의미에서 결단의 힘은 현대의 생존전략이며, 자기주도권이야말로 행복을 얻는 비결이라 해도 과언이 아닐 것이다.

우리는 좀 더 여유로워야 한다

결단의 힘을 높이려면 '여유로운 시간'이 필요하다.

날마다 수많은 결단을 내리는 프로 경영자라면 모를까, 보통 사람은 결단을 내리는 데 그리 익숙지 않다.

또 스스로 임무를 만들어 내기보다는 주어지는 임무를 수행하는 처지가 다수일 것이므로 '이렇게 하고 싶다'라는 생각으로 사는 사람보다 '이것을 해야 한다'라는 의무감에 쫓기며 사는 사람이 많다. 회사에서도 '이 일을 끝내야 해', 개인적으로도 '빨래를 빨리 해야 해'라는 식이다.

하지만 그렇게 하루하루 분주하게 지내면 해야 하는 일들로 머릿속이 가득 차서 무엇이 본질인지 되돌아보거나 자신의 편향을 살펴볼 여유가 없어진다.

게다가 눈앞에 나타난 기회를 깨닫지 못하거나, 설사 깨닫더라도 정신적인 여유가 없어 결단할 수 없거나, 무심코 지나쳐 버릴 수도 있다.

필자도 일정에 쫓겨 정신이 없을 때는 관심 있는 일인데도 '지금은 바쁘니까' 하고 미루다가 기회를 놓친 적이 여러 번 있다.

수첩을 비워놓은 지금은 흥미로운 일이 눈에 띄면 곧바로 조사하고 차분히 생각할 여유가 있다. 판단을 그르치는(나중에 '아차!' 하고 후회하거나 더 적절한 방법을 찾아내는 등) 일은 거의 없어졌다.

이런 과정을 거치면서 뼈저리게 느낀 점이 있다. 자기 가치관에 부합하는 판단을 하려면, 그리고 눈앞을 스쳐 지나가는 기회를 알아보려면, 기회라고 깨달았을 때 재빨리 손을 들어 그 기회에 올라타려면, 항상 여백의 시간을 만들어 놓아야 한다는 것이다.

한가하다는 것은 '하고 싶은 일이 없어 따분하다' 따위의 의미가 아니라 '하고 싶은 일만 할 수 있는 생활을 영위한다'는 뜻이다.

그래서 필자도 그러한 생활을 하기 위해 부동산과 태양광발전 같은 불로소득을 늘리고, 언제 어디서나 할 수 있는 '글쓰기' 작업을 주로 해 왔다.

물론 인생의 어느 일정 시기에는 수첩이 새까맣게 채워지도록 무언가와 씨름할 때가 있어도 좋을 것이다. 필자에게도 그런 시기가 있었고, 그래서 성장할 수 있었다고 생각한다. 그러나 역시 얼마간의 여백은 필요하다.

어차피 인생은 소일거리다. 설사 학벌이 떨어지고 직업이 없다 해도 생활 보장 제도가 있으니 최소한의 생활은 보장된다. 요즘 세상에는 맹수의 습격을 당할 위험도 없을뿐더러 전쟁의 위험도 적고 생사의 갈림길에 직면할 일도 거의 없다.

그렇다면 재미있는 일을 하면서 살면 된다. 그렇게 살 수 있는 환경을 얻고 싶은 이들을 위해 필자는 결단의 힘을 권유한다.

선택적 결단의 힘

• 개정1판 인쇄 __ 2022년 08월 10일
• 개정1판 발행 __ 2022년 08월 20일

• 지 은 이 __ 고도 토키오
• 옮 긴 이 __ 정문주
• 펴 낸 이 __ 박효완
• 편집주간 __ 맹한승
• 디 자 인 __ 김주영
• 마 케 팅 __ 신용천
• 물류지원 __ 오경수

• 펴 낸 곳 __ 아이템하우스
• 등록번호 __ 제2001-000315호
• 등 록 일 __ 2001년 8월 7일

• 주　　소 __ 서울특별시 마포구 동교로 75
• 전　　화 __ 02-332-4337
• 팩　　스 __ 02-3141-4347
• 이 메 일 __ itembook@nate.com

ISBN 979-11-5777-158-5
※ 파본이나 잘못된 책은 교환해 드립니다.